méthode de
**FRANÇAIS
LANGUE
ÉTRANGÈRE**
adultes débutants

livre d'exercices

Annie Monnerie
*agrégée de lettres modernes,
professeur au Centre international d'études pédagogiques
(Sèvres)*

avec la collaboration de
Marie-Thérèse Bréant
et Georges Gonnet

LIBRAIRIE LAROUSSE

17, rue du Montparnasse, et 114, boulevard Raspail, Paris-6e.

ISBN 2-03-041412-3

Avant-propos

Ce livre d'exercices est le complément indispensable de *Inter-codes, Livre de textes*.

À chaque dossier de quatre textes présenté dans le livre de textes correspondent ici quatre séries d'exercices regroupées également en 14 dossiers.

Ces exercices portent :
— sur des éléments grammaticaux, lexicaux ou thématiques apparus dans les textes ;
— sur un problème grammatical central, qui fait l'objet d'une synthèse à la fin du dossier.

Un test et des documents complémentaires accompagnent cette synthèse.

Les exercices sont généralement disposés en deux colonnes : la colonne de gauche présente le modèle, ou l'information à partir de laquelle l'étudiant doit exécuter la consigne donnée dans la deuxième colonne.

Les différents types d'exercices sont présentés dans le livret méthodologique. Ils consistent essentiellement :
— à répéter un texte ou un dialogue ;
— à interpréter des tableaux ;
— à décoder des informations ;
— à répondre à des questions ;
— à construire ou transformer des phrases ;
— à commuter un élément du modèle ;
— à compléter un texte ou un dialogue.

L'astérisque signale les mots qui ne sont pas apparus dans le livre de textes, et qui doivent donc être considérés comme des mots nouveaux.

Dossier I

1

Les nombres

Apprenez

1	un	5	cinq	9	neuf	13	treize
2	deux	6	six	10	dix	14	quatorze
3	trois	7	sept	11	onze	15	quinze
4	quatre	8	huit	12	douze	16	seize

Cartes d'identité

Observez et répétez

```
Nom :          Laurel
Prénom :       Rémy
Adresse :      16, rue Blanche,
               Paris
Profession :   médecin*
```

— Qui est-ce ?
— C'est Rémy Laurel
— Où est-ce qu'il habite ?
— Il habite 16, rue Blanche, à Paris.
— Qu'est-ce qu'il fait ?
— Il est médecin.

Faites la même chose avec

```
Nom :          Debard
Prénom :       Marie
Adresse :      11, rue Nationale,
               Paris
Profession :   secrétaire*
```

```
Nom :          Brisson
Prénom :       Sophie
Adresse :      7, rue Blanqui,
               Paris
Profession :   professeur*
```

2

Les nombres (suite)

Apprenez

17	dix-sept	21	vingt et un	25	vingt-cinq	29	vingt-neuf
18	dix-huit	22	vingt-deux	26	vingt-six	30	trente
19	dix-neuf	23	vingt-trois	27	vingt-sept		
20	vingt	24	vingt-quatre	28	vingt-huit		

habiter, ils, elles

Observez et répétez

— Où est-ce qu'ils habitent ?
— Ils habitent à Paris,
  11, rue de Belleville.

— Où est-ce qu'elles habitent ?
— Elles habitent à Paris,
  11, rue de Belleville.

— Où est-ce qu'ils habitent ?
— Ils habitent à Paris,
  11, rue de Belleville.

Faites la même chose avec

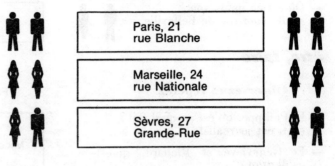

travailler

Observez et répétez

— Où est-ce qu'il travaille ?
— Il travaille à Paris.

— Où est-ce qu'elle travaille ?
— Elle travaille à Paris.

— Où est-ce qu'ils travaillent ?
— Ils travaillent à Paris.

Faites la même chose avec

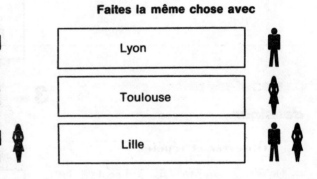

avoir (combien* de... ?)

Observez et répétez

— Il a combien d'enfants ?
— Il a un enfant.

— Ils ont combien d'enfants ?
— Ils ont un enfant.

Faites la même chose avec

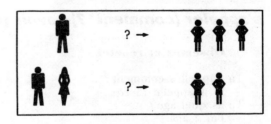

aller

Observez et répétez

— Où est-ce qu'il va ?
— Il va à Toulouse.

Faites la même chose avec

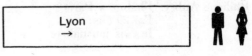

7

— Où est-ce qu'elle va ?
— Elle va à l'université.

— Où est-ce qu'ils vont ?
— Ils vont rue de Belleville.

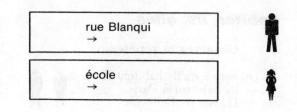

être, faire

Observez et répétez

— Et Philippe, qu'est-ce qu'il fait ?
— Il est journaliste.

— Et Geneviève et Richard, qu'est-ce qu'ils font ?
— Ils sont médecins.

Faites la même chose avec

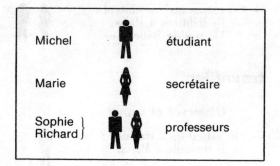

Michel		étudiant
Marie		secrétaire
Sophie ⎱ Richard ⎰		professeurs

3

dessiner

Observez et répétez

— Qu'est-ce que tu fais à l'école ? Tu *dessines ?*
— Oui, je dessine. *infinitif*
— Et tu aimes dessiner ?
— Oui, j'aime bien ça !

Remplacez

dessiner → travailler, chanter, jouer.

s'appeler (comment* ?); avoir (quel âge* ?)

Observez et répétez

— Tu t'appelles comment ?
— Je m'appelle Pierre.
— Tu as quel âge ?
— J'ai 4 ans.

Faites la même chose avec

Jacques 5 ans	Anne 6 ans	Nicolas 8 ans

être

Observez et répétez

Philippe Aubry. J'habite à Paris
         J'ai 29 ans.
         Je suis journaliste.

Faites la même chose avec

Alain Laurel, Paris, 30 ans, médecin.
Marie Debard, Lyon, 21 ans, secrétaire
Michel Tenau, Toulouse, 19 ans, étudiant.
Sophie Brisson, Paris, 28 ans, professeur.

Apprenez

avoir			être		
	J'	ai		Je	suis
	Tu	as		Tu	es
	Il			Il	
	Elle }	a		Elle }	est
	Ils			Ils	
	Elles }	ont		Elles }	sont

un, une

Observez et répétez

C'est un chien.	C'est une pomme	— Il est journaliste ?
C'est un train.	C'est une école.	— Philippe ? Oui, c'est un journaliste.
C'est un ballon.	C'est une voiture.	— Elle est secrétaire ?
		— Marie ? Oui, c'est une secrétaire.

Apprenez

masculin : *un*	féminin : *une*
un journaliste	une étudiante
un train	une pomme

un, une, des

Observez et répétez

Pierre dessine un chien	→ des chiens,	une voiture	→ des voitures.
un ballon	→ des ballons,	une école	→ des écoles.
un train	→ des trains,	une pomme	→ des pommes.

Apprenez

masculin singulier	féminin singulier	masculin pluriel	féminin pluriel
un	*une*	*des*	

4

aller, prendre

Observez et répétez

— Où est-ce que tu vas ?
— Je vais à *la bibliothèque.*

Remplacez

la bibliothèque → l'école, la poste*, l'université, la pharmacie*.

Observez et répétez

— Je prends la voiture aujourd'hui. Tu prends le métro ?
— D'accord !
— Philippe et Hélène prennent le métro ?
— Philippe prend le métro mais Hélène prend la voiture.

Apprenez

aller		prendre	
Je	vais	Je	prends
Tu	vas	Tu	prends
Il Elle	} va	Il Elle	} prend
Ils Elles	} vont	Ils Elles	} prennent

moi, je... ; toi, tu... ; lui, il... ; elle, elle...

Observez et répétez

— J'ai 5 ans. Et toi, tu as quel âge ?
— { J'ai 5 ans moi aussi.
{ Moi aussi, j'ai 5 ans.
— Et toi, tu as quel âge ?
— Moi, j'ai 6 ans.
— Et Anne, elle a quel âge ?
— Elle, elle a 6 ans.

— Et Nicolas, il a quel âge ?
— Lui, il a 8 ans
— Où est-ce que tu vas ?
— À la pharmacie, et toi ?
— Moi, je vais à la poste.

Accord de l'adjectif. Négation *ne... pas*

Observez et répétez

— Hélène, tu es prête ?
— Oui, oui, je suis prête !
— Et toi Philippe ?
— Non, je ne suis pas prêt.
— Et toi Pierre, tu es prêt ?
— Oh moi, je suis prêt !
— Philippe et Hélène sont prêts ?
— Hélène est prête mais Philippe n'est pas prêt.

Apprenez

Elle est prête.	Elle n'est pas prête.
Il est prêt.	Il n'est pas prêt.
Elles sont prêtes.	Elles ne sont pas prêtes.
Ils sont prêts.	Ils ne sont pas prêts.

un... / le... ; une... / la...

Observez et répétez

C'est un chien.	→	C'est le chien de Pierre.
C'est un ballon.	→	C'est le ballon de Nicolas
C'est une voiture.	→	C'est la voiture de Philippe.
C'est un train.	→	C'est le train de Marseille.
C'est une rue.	→	C'est la rue Nationale.
C'est un immeuble.	→	C'est l'immeuble d'Hélène et de Philippe.
C'est une école.	→	C'est l'école de Pierre.

Synthèse

Pronoms

1re personne : **je**
→
2e personne : **tu**

3e personne { masculin singulier : **il** | masculin pluriel : **ils**
féminin singulier : **elle** | féminin pluriel : **elles**

| moi, je ... | lui, il ... | eux, ils ... | — *Moi, j*'ai six ans. |
| toi, tu ... | elle, elle ... | elles, elles ... | — *J*'ai six ans, *moi* aussi. |

Verbes

travailler	faire	être	avoir	aller	prendre
Je travaille	Je fais	Je suis	J' ai	Je vais	Je prends
Tu travailles	Tu fais	Tu es	Tu as	Tu vas	Tu prends
Il } Elle } travaille	Il } Elle } fait	Il } Elle } est	Il } Elle } a	Il } Elle } va	Il } Elle } prend
Ils } Elles } travaillent	Ils } Elles } font	Ils } Elles } sont	Ils } Elles } ont	Ils } Elles } vont	Ils } Elles } prennent
(1) **Chanter, dessiner...**					

Articles

┌──────────── SINGULIER ────────────┐   ┌──── PLURIEL ────┐

masculin **un** : un ballon, un journaliste
féminin **une** : une pomme, une secrétaire

des { des ballons
des pommes

masculin { **le** : le train de Marseille
{ **l'** : l'immeuble d'Hélène et de Philippe

féminin { **la** : la voiture de Philippe
{ **l'** : l'école de Pierre

les { les enfants de Rémy
les rues de Paris

Adjectifs

| masculin singulier : Il est **prêt.** | masculin pluriel : Ils sont **prêts.** |
| féminin singulier : Elle est **prête.** | féminin pluriel : Elles sont **prêtes.** |

Test

Complétez *(un, une).*

1. Il y a ... immeuble rue Berteaux. — **2.** Hélène est étudiante dans ... université française. — **3.** Philippe a ... voiture. — **4.** Philippe joue avec ... train. — **5.** Les étudiants ont ... bibliothèque. — **6.** Madame Brunet travaille dans ... école.

Complétez *(le, la, l').*

1. Je prends ... métro. — **2.** C'est ... livre de Pierre. — **3.** Roland n'aime pas ... école. — **4.** ... chien de Roland s'appelle Médor. — **5.** Je prends ... voiture de Philippe. — **6.** Il habite dans ... immeuble de Philippe et Hélène.

Mettez les phrases au pluriel *(il, ils, elle, elles).*

Exemple : Elle va à l'école → Elles vont à l'école.

1. Il habite à Paris. — **2.** Elle est étudiante. — **3.** Il a un chien. — **4.** Elle prend le métro.

Dossier II

1

sortir

Observez et répétez

— Tu sors aujourd'hui ?
— Non, pas aujourd'hui. Je sors *lundi*.
— Il sort aujourd'hui ?
— Non, pas aujourd'hui. Lundi.
— Ils sortent aujourd'hui ?
— Non, ils sortent lundi.

Remplacez

lundi → mardi, mercredi, jeudi vendredi, samedi, dimanche

Apprenez

Je	sors	Ils	
Tu	sors	Elles }	sortent
Il			
Elle }	sort		
On			

au, à la, à l'

Observez et répétez

— Où est-ce que tu vas ?
— À la pharmacie. Et toi ?
— Moi, je vais à la poste.
— Où est Philippe ?
— Il est au bureau.
— Et Hélène ?
— Elle est à la bibliothèque et Pierre à l'école.

— On sort ce soir ?
— D'accord. Où est-ce qu'on va ? au cinéma ? au restaurant* ?
— On va au cinéma et après au restaurant.
(Les Aubry sortent ce soir, ils vont au cinéma et après au restaurant.)

$$\text{masculin : À} + \begin{cases} \text{LE} & \rightarrow & \text{AU} \\ \text{L'} & \rightarrow & \text{À L'} \end{cases}$$

$$\text{féminin : À} + \begin{cases} \text{LA} & \rightarrow & \text{À LA} \\ \text{L'} & \rightarrow & \text{À L'} \end{cases}$$

Observez et répétez

— Où est-ce qu'il va ?
— Il va à *la bibliothèque*.

Remplacez

la bibliothèque → le bureau, la pharmacie, le cinéma, la poste, le restaurant.

Il est quelle heure ? Quelle heure est-il ?

Observez et répétez

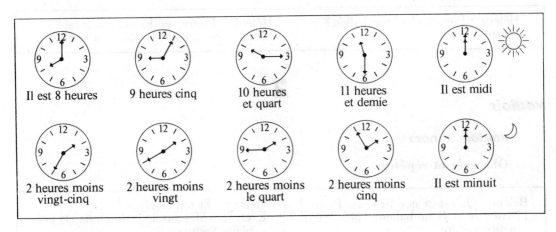

Il est 8 heures   9 heures cinq   10 heures et quart   11 heures et demie   Il est midi

2 heures moins vingt-cinq   2 heures moins vingt   2 heures moins le quart   2 heures moins cinq   Il est minuit

m', t', chez moi ; me, te, chez toi

Observez et répétez

Hélène : Où est-ce que je t'attends ce soir ?
Philippe : Tu m'attends devant le bureau à 7 heures.

Faites la même chose avec

le cinéma, 7 h et quart
le restaurant, 7 h et demie
la pharmacie, 8 h moins le quart.

Observez et répétez

Hélène : Allô, Béatrice ? C'est Hélène. On va au cinéma ce soir. Tu gardes Pierre ?
Béatrice : D'accord. Je viens à quelle heure ?
Hélène : La séance est à *7 h 10*. Tu viens à 6 h et quart ? Ça va ?
Béatrice : Philippe me ramène chez moi après ?
Hélène : Oui, il te ramène chez toi à 9 h, 9 h et demie.

Remplacez

7 h 10 → 5 h 10
9 h 10

attendre, venir

Observez et répétez

Hélène : Allô, Philippe ? Richard et Sophie viennent au cinéma ce soir.
Philippe : Ils viennent avec toi ?
Hélène : Non, ils attendent devant le cinéma.
Philippe : D'accord. À ce soir !

Apprenez

Je	viens	J'	attends
Tu	viens	Tu	attends
Il		Il	
Elle	} vient	Elle	} attend
On		On	
Ils		Ils	
Elles	} viennent	Elles	} attendent

13

ce, ton, à toi

Observez et répétez

Hélène : Pierre, c'est ton ballon ? Pierre : ...	Hélène : Pierre, ce ballon est à toi ? Pierre : Non, c'est le ballon d'Évelyne.

2

vouloir

vouloir + nom

Observez et répétez

Hélène : Qu'est-ce que tu veux, Pierre ? Pierre : Je veux un ballon... non... une petite voiture.	Hélène : Et toi, Évelyne ? Évelyne : Moi aussi, je voudrais (1) une petite voiture.

(1) *Je voudrais* : forme de politesse pour *je veux*.

vouloir + verbe

Observez et répétez

— Pierre et Évelyne ne veulent pas *jouer* !
— Ils veulent *aller au cinéma*...

Remplacez

jouer, aller au cinéma	→	aller à l'école rester ici dormir dessiner

Apprenez

vouloir	Je veux Tu veux Il Elle }veut On	Ils Elles }veulent

pas de, pas d'

Observez et répétez

Hélène : Qu'est-ce que tu veux ? Un ballon ? Pierre : Non, je ne veux pas de ballon ! Hélène : Tu veux des livres ? Pierre : Non, je ne veux pas de livres ! Hélène : Alors qu'est-ce que tu veux ? Pierre : Je veux dessiner.	...UN ...UNE } NE..PAS DE... ...DES } NE..PAS D'...

Observez et répétez

— Sophie a une voiture ?
— Non, elle ne veut pas de voiture.

Répondez de la même manière aux questions proposées

— Les Laurel ont un chien ?
→ — Non...
— Les Verdier ont des enfants ?
→ — Non...

du, de la, de l' ; à qui... ?

Observez et répétez

— À qui* est la voiture devant l'immeuble ?
— La R 16 blanche* ? C'est la voiture du médecin.

Faites la même chose à partir des phrases suivantes

Le directeur* de l'usine a une R 20 noire*.
La secrétaire a une R 4 rouge*.
L'amie d'Hélène a une R 4 bleue*.

la, l'

Observez et répétez

Hélène : Tu prends la voiture ? Philippe : Oui, aujourd'hui je la prends. Hélène : Marie est seule. Tu veux bien l'emmener ?	Philippe : D'accord. Et ce soir, je la ramène ? Hélène : Non, non. Ce soir, elle sort avec Michel.

3

partir ; avec lui

Observez et répétez

Hélène : Philippe part lundi.
Marie : Où est-ce qu'il va ?
Hélène : À Lyon.
Marie : Il t'emmène avec lui ?
Hélène : Non ! Je travaille lundi... et il y a Pierre !

(Philippe part mais Hélène et Pierre ne partent pas.)

Apprenez

partir	Je	pars
	Tu	pars
	Il	
	Elle	} part
	On	
	Ils	
	Elles	} partent

Les heures (suite)

Observez et répétez

Hélène : Tu pars à quelle heure lundi ?
Philippe : Je prends le train de 19 h 27.
Hélène : Et tu es à Lyon à quelle heure ?
Philippe : À 23 h 30.

Faites la même chose avec

Paris	18 h 04	18 h 50	21 h 53
Bordeaux	22 h 18	23 h 32	03 h 34

recevoir; chez lui, chez elle, chez eux

Observez et répétez

Michel : Philippe et Hélène sont chez eux
ce soir ?
Marie : Philippe n'est pas chez lui, il est à
Marseille, mais Hélène est chez elle.
Michel : Et Geneviève et Rémy ?
Marie : Ils sont chez eux, ils reçoivent des
amis.

Apprenez

recevoir	Je	reçois
	Tu	reçois
	Il	
	Elle	reçoit
	On	
	Ils	reçoivent
	Elles	

me, te (rappel)

Observez et répétez

Geneviève : Le professeur de Béatrice veut
me voir.
Rémy : Ah ! bon ?
Geneviève : Et il veut te voir aussi !
Rémy : Ah !... Quel jour ?
Geneviève : *Mardi* soir.

Remplacez

mardi → lundi... mercredi...

le, la; son

Observez et répétez

— *Le directeur* est dans son bureau ?
— Oui.
— Mademoiselle Debard voudrait le voir.
— Elle veut le voir maintenant ?
— Oui.

Remplacez

le directeur → la directrice*

— La directrice est dans son bureau ?
— ...
— ...

Observez et répétez

— Je vois le médecin mardi.
— Tu le vois à quelle heure ?
— À 5 heures et demie.

Faites la même chose avec

Mercredi, 9 h, Claudine.
Lundi, 2 h, le directeur.
Samedi, midi et demie, Geneviève.

avec lui, avec elle

Observez et répétez

Marie : Tu vois *Michel* aujourd'hui ?
Hélène : Oui, je le vois à 4 heures. Je
travaille avec lui.
Marie : Chez toi ou chez lui ?
Hélène : Chez moi.

Remplacez

Michel → Hélène

Marie : Tu vois Hélène aujourd'hui ?
Michel : Oui, je...

16

4

Les nombres (suite)

Apprenez

30	trente	50	cinquante	79	soixante-dix-neuf
31	trente et un	51	cinquante et un	80	quatre-vingts
32	trente-deux	52	cinquante-deux...	81	quatre-vingt-un
33	trente-trois		....	82	quatre-vingt-deux...
34	trente-quatre	60	soixante		....
35	trente-cinq	61	soixante et un	90	quatre-vingt-dix
36	trente-six	62	soixante-deux...	91	quatre-vingt-onze
37	trente-sept		....	92	quatre-vingt-douze
38	trente-huit	70	soixante-dix	93	quatre-vingt-treize
39	trente-neuf	71	soixante et onze	94	quatre-vingt-quatorze
40	quarante	72	soixante-douze	95	quatre-vingt-quinze
41	quarante et un	73	soixante-treize	96	quatre-vingt-seize
42	quarante-deux	74	soixante-quatorze	97	quatre-vingt-dix-sept
43	quarante-trois	75	soixante-quinze	98	quatre-vingt-dix-huit
44	quarante-quatre	76	soixante-seize	99	quatre-vingt-dix-neuf
45	quarante-cinq...	77	soixante-dix-sept	100	cent
	....	78	soixante-dix-huit	101	cent un

pourquoi? parce que; choisir

Observez et répétez

— Les Aubry ont la télévision ?
— Non.
— Pourquoi ?
    — Parce qu'ils n'aiment pas ça ! Ils
    préfèrent sortir, aller au cinéma, au
    restaurant !

Les films à la télévision

Observez

En France, il y a trois chaînes* de télévision : T. F. 1, Antenne 2, F. R. 3. Sur* ces trois chaînes, on voit beaucoup de films (400 à 500 par an).

CHAÎNE	JOUR ET HEURE	SPECTATEURS
TF. 1	dimanche 20 h 30 Film	50,4 %
FR. 3	lundi 20 h 30 Film	33 %

Faites des phrases à partir du tableau

Le dimanche soir, 50,4 % des spectateurs choisissent T. F. 1 parce qu'il y a un film.
→ Le lundi soir,...

Apprenez

choisir		
	Je	choisis
	Tu	choisis
	Il	
	Elle	} choisit
	On	
	Ils	} choisissent
	Elles	

des (du, de la)

Les Français et la télévision

Observez

13 heures	25 %
20 heures	52 %
20 heures 30	60 %
22 heures	37 %

Faites des phrases à partir du tableau

À 13 heures, 25 % des télespectateurs regardent la télévision.
→ À 20 heures,...
→ À...
→ ...

par

Observez

1 minute* à 1 heure	11 %
1 heure à 2 heures	18 %
2 heures à 3 heures	19 %
3 heures à 4 heures	26 %

Faites des phrases à partir du tableau

11 % des Français regardent la télévision 1 minute à 1 heure par jour.
→ 18 % des...
→ ...
→ ...

plusieurs, beaucoup de

Observez et répétez

À Paris, il y a plusieurs universités (13). plusieurs grandes bibliothèques (15). plusieurs gares* (9).	Il y a beaucoup de théâtres* (60). beaucoup de cinémas (256). beaucoup de voitures (2 800 000 [2 millions huit cent mille]).

Synthèse

Articles

à + la → **à la** : Hélène est à la bibliothèque.
à + l' → **à l'** : Pierre est à l'école.
à + le → **au** : Philippe est au bureau.
(à + les → **aux**)

de + la → **de la** : C'est la voiture de la secrétaire.
de + l' → **de l'** : C'est le directeur de l'école.
de + le → **du** : C'est la voiture du professeur.
de + les → **des** : C'est l'école des enfants Laurel.

Pronoms compléments

1re personne **me, m'** : Tu me ramènes.   Tu m'attends.

2e personne **te, t'** : Je te ramène.   Je t'attends.

3e personne
- **le, l'** : Je le ramène.   Je l'emmène. } masculin singulier
- **la, l'** : Je la ramène.   Je l'emmène. } féminin singulier
- **les** : Je les ramène.   Je les emmène. } masc./fém. pluriel

Préposition + pronom

chez
avec } **moi, lui, eux, toi, elle, elles** {
Hélène est chez elle.
Pierre et Hélène sont chez eux.
Marie et Christine sont chez elles.

Démonstratifs

masculin singulier **ce** | féminin singulier **cette** | pluriel **ces**
    ce ballon | cette voiture | ces pommes

Attention : un immeuble, **cet** immeuble

Verbes

	venir	voir	vouloir	sortir	partir	recevoir	choisir	dormir	attendre
J(e)	viens	vois	veux	sors	pars	reçois	choisis	dors	attends
Tu	viens	vois	veux	sors	pars	reçois	choisis	dors	attends
Il Elle }	vient	voit	veut	sort	part	reçoit	choisit	dort	attend
Ils Elles }	viennent	voient	veulent	sortent	partent	reçoivent	choisissent	dorment	attendent

Test

Complétez (au, à la, à l', aux ; du, de la, de l', des).

1. Michel va ... cinéma ce soir. — À quelle séance ? — ... séance de 9 heures. — **2.** J'aime bien la chambre ... enfants. — **3.** Elle habite ... campagne. — **4.** Roger rencontre des amis ... café. — **5.** Hélène porte des livres ... bibliothèque. — **6.** C'est l'immeuble ... professeur. — **7.** ... télévision, il y a plusieurs films par semaine. — **8.** C'est l'heure ... film.

Employez le pronom qui convient.

1. C'est Maurice Barret. Philippe travaille avec ... — **2.** Tu prends ces livres ? — Oui, je ... porte à la bibliothèque. — **3.** Patrick travaille à Paris. Je ... rencontre dans le métro. — **4.** J'attends, mais M. Monnier ne veut pas ... recevoir. — **5.** J'ai la télévision, mais je ne ... regarde pas. — **6.** Maintenant, Monique habite rue Monge. Je vais chez ... samedi. — **7.** Michel est seul ce soir. Je reste avec ... — **8.** Je vais au cinéma. Tu viens avec ... ?

Dossier III

1

nous, vous (1re et 2e personne du pluriel)

Observez et répétez

— Tiens, mais c'est Geneviève et Rémy !
Bonjour ! Vous êtes à Paris ?
   — Oui. Nous habitons à Paris main-
   tenant !
— Ah bon ! Et où est-ce que vous habitez !
   — Nous avons un appartement rue
   Blanche, près de la place Blanche.
— Et vous aimez Paris ?
   — Oh oui... nous aimons beaucoup ! Et
   vous, où est-ce que vous êtes ?
— Nous sommes à Marseille.
   — Ah oui ! Vous avez un appartement
   rue Pasteur, c'est ça ?
— Oui, oui ! Nous cherchons un appar-
tement plus grand mais nous ne trou-
vons pas.

Apprenez

être	avoir
Vous êtes... ?	Vous avez... ?
Oui, nous sommes...	Nous avons...

aimer	chercher
Vous aimez... ?	Vous cherchez... ?
Nous aimons...	Nous cherchons...

trouver	habiter
Vous trouvez... ?	Vous habitez... ?
Non, nous ne trou- vons pas...	Nous habitons...

Les nombres (suite)

Apprenez

100	cent	1 000	mille
110	cent dix	1 100	mille cent
132	cent trente-deux	1 126	mille cent vingt-six
200	deux cents	2 000	deux mille
205	deux cent cinq	2 200	deux mille deux cents
270	deux cent soixante-dix	2 237	deux mille deux cent trente-sept
300	trois cents	5 000	cinq mille
347	trois cent quarante-sept	10 000	dix mille

Les mois

Apprenez

janvier	avril	juillet	octobre
février	mai	août	novembre
mars	juin	septembre	décembre

vous (suite), *vous* de politesse

Observez et répétez

L'employé : Qu'est-ce que vous choisissez ?
Le trois-pièces de la rue Berteaux ou le
quatre-pièces de la rue de l'Europe ?
Mᵐᵉ Fontaine : Je préfère le quatre-pièces
de la rue de l'Europe. Mais mon fils
voudrait le voir aussi. Vous voulez bien
nous emmener ce soir ?
L'employé : Bon, vous m'attendez à
l'agence à 7 heures. D'accord ?
Mᵐᵉ Fontaine : D'accord.

Apprenez

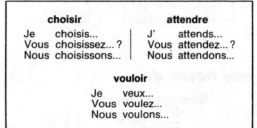

choisir	attendre
Je choisis...	J' attends...
Vous choisissez... ?	Vous attendez... ?
Nous choisissons...	Nous attendons...

vouloir
Je veux...
Vous voulez...
Nous voulons...

Annonces

Observez et répétez

> À LOUER
>
> 4 pièces, 1 800 francs par mois

— Vous avez un appartement de quatre
pièces à louer ?
— Oui, avec cuisine et salle de bains.
— Et le loyer, c'est combien ?
— 1 800 francs par mois.

Faites la même chose avec

À LOUER		
2 pièces 900 francs par mois	5 pièces 2 200 francs par mois	4 pièces 1 200 francs par mois

nous, vous (suite)

Observez et répétez

— Vous allez à Lyon ?
— Oui, je pars ce soir.
— Vous prenez votre voiture ?
— Non, je préfère prendre le train.
— Vous partez à quelle heure ?
— À 21 h 45.
— Nous prenons ce train aussi, Françoise
et moi.
— Ah bon... à ce soir alors !

Apprenez

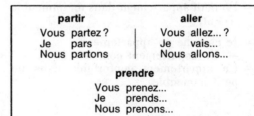

partir	aller
Vous partez ?	Vous allez... ?
Je pars	Je vais...
Nous partons	Nous allons...

prendre
Vous prenez...
Je prends...
Nous prenons...

2

Complétez avec les verbes chercher, vouloir, avoir, aimer, préférer, venir, demander

─────── AGENCE RENAUD ───────

Vous	...	un logement.
Vous	...	un logement confortable.
Vous	...	un garage.
Vous ne	...	pas faire de réparations.
Vous	...	deux enfants.

Vous n'	...	pas la banlieue.
Vous	...	Paris.
	...	à l'agence Renaud !
Nous	...	des logements pour vous.

très

Observez et répétez

— L'appartement est grand ?
— Oui, très grand !

Continuez

Il est confortable ? — Oui,... !
L'immeuble est récent ? — Oui,...
Et le loyer est élevé ? — Non, non, il n'est pas...

une heure de...

Observez et répétez

Paris < Dijon   2 h 16
Lyon   3 h 44
Besançon 3 h 27
Bordeaux 4 h

Faites des phrases à partir du tableau

De Paris à Dijon, il y a 2 h 16 de train.
→ De Paris à Lyon, il y a...
→ ...

plus... que, moins... que

Observez et répétez

À Paris, les loyers sont plus élevés qu'en banlieue.

On peut dire aussi :
En banlieue, les loyers sont moins élevés qu'à Paris.

Transposez

La R 6 est plus grande et plus confortable que la R 4. → ...
Au cinéma les films sont plus récents qu'à la télévision. → ...
En juillet les jours sont plus longs qu'en décembre. → ...

Place de l'adjectif

Observez et répétez

— Je cherche un appartement.
— Un appartement comment ?
— Un petit appartement dans un immeuble récent.

— Je cherche un appartement.
— Un appartement comment ?
— Un appartement confortable dans un petit immeuble.

Complétez ce dialogue avec les adjectifs petit(e), grand(e), récent(e), confortable, élevé(e).

— J'ai un... appartement à Sèvres.
— Dans un immeuble... ?
— Non, dans un immeuble de 1940.
— Et c'est un appartement... ?
— Oui. Il y a une... pièce et une... chambre.
— Vous avez un garage.
— Oui, un... garage.
— Et le loyer ?
— Ce n'est pas un loyer très...

3

Les nombres

Apprenez

1er premier	3e troisième	5e cinquième	7e septième	9e neuvième	11e onzième
2e deuxième	4e quatrième	6e sixième	8e huitième	10e dixième	... ...
		dix → dixième		onze → onzième	

Les verbes pronominaux (suite)

s'appeler

Observez et répétez

— Vous vous appelez comment ?
— Brisson, Richard Brisson.

Apprenez

Vous	vous	appelez... ?
Je	m'	appelle...
Il		
Elle	s'	appelle...
On		
Ils	s'	appellent...
Elles		

s'installer

Observez et répétez

— Vous habitez à Lyon ?
— Oui, mais nous nous installons à Paris en janvier.

Faites la même chose avec

Alain et Isabelle Girard, Paris → Marseille, avril.

Jean et Nicole Leriche, Grenoble → Bordeaux, juin.

le, la, les (rappel)

Observez et répétez

— Tu vois Alain Girard ?
— Oui, je le vois au bureau.
— Et Isabelle ?
— Non, elle, je ne la vois pas.

— Vous voyez les Girard ?
— Oui, je les vois dimanche.

Faites la même chose avec

Jean et Nicole Leriche.
Rémy et Geneviève Laurel.

nous, vous

Observez et répétez

— Je vous téléphone ce soir pour vous demander l'adresse de *votre agence*.
— Pour nous trouver, vous nous téléphonez après 8 heures.

Remplacez

votre agence → votre médecin, votre banque.

Observez et répétez

Michel : Tu me prêtes de l'argent ?
Marie : Tu veux combien ?
Michel : Pas beaucoup...
Marie : Je te prête 100 francs mais tu me rembourses.
Michel : Je te rembourse toujours !

Transposez

Michel : Roland et moi, on voudrait sortir ce soir. Tu nous prêtes...
Marie : Vous voulez...

23

Attention

$$\left.\begin{array}{l} \text{Je trouve} \\ \text{Je cherche} \end{array}\right\} \text{Michel, } \textit{mais} \left\{\begin{array}{l} \text{Je téléphone} \\ \text{Je demande} \\ \text{Je prête} \\ \text{Je rembourse} \\ \text{J'indique} \end{array}\right\} \text{à Michel}$$

chez vous, avec vous ; chez nous, avec nous

Observez et répétez

— On va au cinéma... Venez avec nous.
On vous ramène chez vous après.
  — Vous voulez bien ? Alors je viens
avec vous.

Lexique

Complétez les phrases

Elle aime son travail. C'est un travail intéressant. Et elle... 6 000 francs par mois, c'est un très bon... ! Mais elle a beaucoup de..., des... de transport, de téléphone. Elle est propriétaire de son appartement, mais elle a un... de la banque et elle... 1 500 francs par mois.

votre

À la banque

Observez

Nom :	.....	Âge :	.....
Prénom :	.....	Profession :	.....
Adresse :	.....	Salaire :	.....

Continuez

— Je voudrais demander un prêt. Qu'est-ce
que je fais ?
  — Prenez cette feuille et indiquez :

    votre nom

    ...

Prêts

Observez

Salaire :	39 000 francs par an.
Prêt :	69 000 francs.
Remboursement :	824 francs par mois.
Pendant :	108 mois.

Vous gagnez 39 000 francs par an. Vous voulez être propriétaire. La banque vous prête 69 000 francs et vous remboursez 824 francs par mois pendant 108 mois.

Faites la même chose avec

Salaire :	66 000 francs par an.
Prêt :	110 000 francs.
Remboursement :	1 320 francs par mois.
Pendant :	180 mois.

Salaire :	144 000 francs par an.
Prêt :	250 000 francs.
Remboursement :	3 000 francs par mois.
Pendant :	180 mois.

4

pouvoir + verbe à l'infinitif

Observez et répétez

— Tu sors avec nous ?
 — Non, je ne peux pas sortir ce soir. J'ai du travail.
— Ils sortent ?
 — Non, ils ne peuvent pas sortir. Ils reçoivent des amis.

Apprenez

Je	peux	Nous	pouvons
Tu	peux	Vous	pouvez
Il		Ils	
Elle }	peut	Elles }	peuvent
On			

il faut + verbe à l'infinitif

Observez et répétez

Pour trouver un logement :
 vous prenez le journal,
 vous regardez les petites annonces,
 vous téléphonez à des agences,
 vous regardez plusieurs plans,
 vous rencontrez les propriétaires et vous demandez le prix !

Transposez

Pour trouver un logement
→ il faut prendre le journal,
 ...
 ...

demander à... de...

Observez et répétez

Si vous avez beaucoup de travail, vos amis peuvent vous aider.
Si vous êtes seul(e) un soir, vos amis peuvent sortir avec vous.
Si vous n'avez pas de travail, vos amis peuvent vous prêter de l'argent.
Si vous n'avez pas de voiture, vos amis peuvent vous ramener chez vous.

Transposez

→ Si vous avez beaucoup de travail, demandez à vos amis de vous aider.

→ ...

moins de..., plus de...

Observez et répétez

— Il est jeune ?
 — { Oui, il a moins de 30 ans !
    { Non, il a plus de 60 ans !

Choisissez une réponse (oui ou non)

— Cet immeuble est récent ?
 — ..., il a { plus de 15 ans.
             { moins de 5 ans.

— Il a un bon salaire ?
 — ..., il gagne { plus de 8 000 francs.
                 { moins de 3 000 francs.

— C'est près d'ici ?
 — ..., C'est à { plus de 100 kilomètres.
                { moins de 10 kilomètres.

Impératif *(prendre, aller, rester, venir)*

Observez et répétez

Philippe à Pierre } Ne reste pas ici ! Prends ton ballon et va avec Maman.

Hélène à Pierre } Viens avec moi.

Un professeur à des enfants } Prenez vos livres et allez travailler. Ne restez pas ici. Venez avec moi.

Complétez

Tu veux sortir ? ... au cinéma avec Marie.
Philippe, il n'y a pas de métro aujourd'hui, ... la voiture.
Si vous ne voulez pas sortir, ... ici.
Tu es seul ? ... chez moi travailler.
Si vous ne voulez pas habiter la banlieue, ... à Paris.
Pierre et Christine, on sort, ... vos affaires.

Synthèse

Verbes

	chercher	choisir	partir	venir	tenir	prendre	recevoir
Je	cherche	choisis	pars	viens	tiens	prends	reçois
Tu	cherches	choisis	pars	viens	tiens	prends	reçois
Il Elle }	cherche	choisit	part	vient	tient	prend	reçoit
Nous	cherchons	choisissons	partons	venons	tenons	prenons	recevons
Vous	cherchez	choisissez	partez	venez	tenez	prenez	recevez
Ils Elles }	cherchent	choisissent	partent	viennent	tiennent	prennent	reçoivent

	voir	vouloir	pouvoir	dormir	sortir	attendre
J(e)	vois	veux	peux	dors	sors	attends
Tu	vois	veux	peux	dors	sors	attends
Il Elle }	voit	veut	peut	dort	sort	attend
Nous	voyons	voulons	pouvons	dormons	sortons	attendons
Vous	voyez	voulez	pouvez	dormez	sortez	attendez
Ils Elles }	voient	veulent	peuvent	dorment	sortent	attendent

Cas particuliers

ramener : Je ramène / Nous ramenons | **emmener :** J' emmène / Nous emmenons | **s'appeler :** Je m' appelle / Nous nous appelons

être	avoir	aller	faire
Je suis	J' ai	Je vais	Je fais
Tu es	Tu as	Tu vas	Tu fais
Il Elle } est	Il Elle } a	Il Elle } va	Il Elle } fait
Nous sommes	Nous avons	Nous allons	Nous faisons
Vous êtes	Vous avez	Vous allez	Vous faites
Ils Elles } sont	Ils Elles } ont	Ils Elles } vont	Ils Elles } font

Pronoms

Nous avons un enfant
Il **nous** attend.
Il **nous** prête un livre.
Il habite avec **nous**.

Vous avez un enfant.
Il **vous** attend.
Il **vous** prête un livre.
Il habite avec **vous**.

(Il attend Pierre.)
(Il prête un livre à Pierre.)

Test

Complétez en utilisant les verbes.

1. — Qu'est-ce que vous ...? — Je prends ce livre. *(choisir)*
2. — Vos enfants ... à l'école? — Non, ils ... moins de quatre ans. *(aller, avoir)*
3. — Vous n' ... pas Pierre? — Non, pas aujourd'hui, il est malade. *(emmener)*
4. — Vous ... beaucoup? — Nous ... le samedi. *(sortir)*
5. — Vous ... ici, s'il vous plaît! — Bien, j' ... *(attendre)*
6. — Les Aubry ... avec nous? — Non, ils ... des amis. *(venir, recevoir)*
7. — Vous ... bien? — Non, je ne ... pas très bien. *(dormir)*
8. — Vous ... un chien? — Non, nous n' ... les chiens. *(vouloir, aimer)*
9. — Vous ... des enfants? — Oui, nous ... un fils de quatre ans. *(avoir)*

Document complémentaire

Annonces

Dossier IV

1

Passé composé

chercher, faire

Observez et répétez

Philippe : Où est ton ballon, Pierre ?
Pierre : Je l'ai cherché et je ne l'ai pas trouvé.
Philippe : Demande à maman.
Pierre : J'ai demandé !

Observez et répétez

Philippe : Qu'est-ce que tu fais à l'école ?
Pierre : Je joue, je dessine, je chante, je travaille.

Apprenez

chercher, trouver,...	
Présent	Passé composé
Je cherche	J'ai cherché

Transposez

Philippe : Qu'est-ce que tu as fait aujourd'hui ?
Pierre : J'ai joué, j ...
Philippe : Et Évelyne ?
Pierre : Elle aussi, elle ...

voir, conduire

Observez et répétez

— Tu as emmené Pierre à l'école ?
— Oui, je l'ai conduit en voiture.

— Vous avez regardé la télévision lundi soir ?
— Oui, on a vu un bon film

Observez

Aujourd'hui (mercredi 12 mai)
— conduire Pierre chez Évelyne,
— porter des livres à la bibliothèque,
— voir le médecin,
— téléphoner à Michel.

Apprenez

	voir	conduire
Présent :	Je vois	Je conduis
Passé composé :	J'ai vu	J'ai conduit

Continuez

Marie : Qu'est-ce que tu as fait mercredi ?
Hélène : Mercredi ? J'ai conduit ...

...

choisir

Observez et répétez

— Vous avez choisi ?
— Oui, je prends ce livre.

Apprenez

choisir, grossir, maigrir	
Présent	Passé composé
Je choisis	J'ai choisi

Observez et répétez

Pour trouver un appartement, il faut :
  prendre le journal,
  regarder les petites annonces
  chercher plusieurs appartements,
  téléphoner à des agences,
  demander les prix,
  voir les plans,
  et... choisir !

Transposez

Alain : Vous avez trouvé un appartement ?
Hélène : Oui, j'ai trouvé un quatre-pièces,
    place Nationale.
Alain : Vous l'avez trouvé comment ?
Hélène : J'ai pris le journal, j'ai ...

Alain : Les Aubry ont trouvé un appartement.
Isabelle : Ils l'ont trouvé comment ?
Alain : Hélène a ...

attendre

Observez et répétez

Hélène : Tu n'attends pas Michel ?
Marie : Je l'ai attendu plus d'une heure...
  On part... Viens !

Apprenez

Présent	Passé composé
J'attends	J'ai attendu

le, la, les + noms d'aliments

Observez et répétez

— Tu aimes les *oranges* ?
— Oui, mais je préfère les *pommes*.
— Tu aimes les *tomates* ?
— Oui, mais je préfère la *salade*.

Remplacez

oranges, pommes	→	oranges, bananes ; pommes, raisin.
tomates, salade	→	tomates, haricots ; salade, carottes.

2

boire

Observez

— Qu'est-ce que tu bois le matin ?
— Je bois du thé*.
— Et Philippe ?
— Du thé aussi.
— Et Pierre ?
— Il boit du lait. Et vous, qu'est-ce que
  vous buvez ?
— Rémy et moi, nous buvons du café.

Apprenez

Présent		Passé composé		
Je	bois	J'	ai	bu
Tu	bois	Tu	as	bu
Il Elle On	boit	Il Elle On	a	bu
Nous	buvons	Nous	avons	bu
Vous	buvez	Vous	avez	bu
Ils Elles	boivent	Ils Elles	ont	bu

le/du, la/de la, les/des

Observez et répétez

— Vous aimez le thé ?
   — Oui, le matin, je prends toujours du thé.

Observez

AU RESTAURANT

— Regardez le menu. Il y a de la viande, du poisson, des œufs et plusieurs légumes, du fromage... Vous aimez la *viande* ?
   — Oui, à midi j'aime bien manger de la viande.

Répondez de la même manière

Il aime le lait ? — Oui, le matin, il ...
Ils aiment le café au lait ? — Oui, ...
Ils aiment le pain et le beurre ? — Oui, le matin, ils ...

Remplacez

viande → poisson, œufs, légumes, fromage.

Apprenez

aimer   *le* lait,
préférer }   *la* viande,
          les légumes.

boire *du* lait, manger *de la* viande, prendre *des* légumes.

Observez

LES REPAS EN FRANCE		
Le matin	*À midi*	*Le soir*
thé au lait	viande	œufs
ou café	+ légumes	ou poisson
pain + beurre	+ salade	ou légumes
	+ fromage	+ fromage
	+ fruits	

Continuez

En France, le matin, on boit du thé...
   ...

Le matin, les Français boivent du thé...
   ...

en... -ant

1

— Qu'est-ce que tu as fait lundi soir ?
   — J'ai *travaillé* en attendant Philippe.

Remplacez

travailler → dessiner, préparer le repas, regarder la télévision, jouer avec Pierre.

2

Pour trouver un appartement, il faut :
   regarder les petites annonces,
   demander à des amis,
   téléphoner à des agences.

Transposez

On peut trouver un appartement
  en regardant les petites annonces,
  ...
  ...

un peu de... / quelques...

1

— Vous voulez du pain ?
— Non merci.
— Et vous ?
— Moi, je veux bien un peu de *pain* s'il vous plaît.

Remplacez

> pain → salade, beurre, poisson, eau, fromage, café.

2

— Vous prenez des pommes de terre ?
— Non merci.
— Et vous ?
— Moi, je veux bien quelques *pommes de terre.*

Remplacez

> pommes de terre → haricots verts, tomates.

> DU
> DE LA $\Big\}$ → UN PEU DE...
>
> DE L' → UN PEU D'...
>
> DES → QUELQUES

3

mettre

Présent

Observez et répétez

— Tu as un garage ?
— Non !
— Où est-ce que tu mets ta voiture ?
— Je la mets dans le garage du propriétaire. Et vous, où est-ce que vous la mettez ?
— On la met devant l'immeuble.

Apprenez

Je	mets	Nous	mettons
Tu	mets	Vous	mettez
Il		Ils	
Elle $\big\}$	met	Elles $\big\}$	mettent
On			

Passé composé

Observez et répétez

— Pierre, où est-ce que tu as mis ton ballon
— Dans la voiture.
— Il n'est pas dans la voiture !
— Je l'ai mis ce matin... (quand papa m'a emmené à l'école).

Apprenez

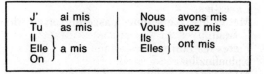

J'	ai mis	Nous	avons mis
Tu	as mis	Vous	avez mis
Il		Ils	
Elle $\big\}$	a mis	Elles $\big\}$	ont mis
On			

faire + infinitif

Observez et répétez

— Évelyne ne veut pas manger !
  — Elle ne veut pas manger ? Il faut la faire manger !

Faites la même chose avec

Pierre	Michel	Marie	Évelyne
dormir	venir	attendre	sortir

de la ; du, un verre de...

1. Devant la télévision

H. : Tu bois du *lait* ?
M. : Oui, je bois toujours un verre de lait en regardant la télévision.

Remplacez

lait → jus d'orange, bière*, jus de pomme, jus de raisin.

2. Chez le médecin

— Est-ce que je peux manger du *pain* ?
  — Un morceau de pain par jour c'est permis, mais un petit morceau !

Remplacez

pain → fromage, viande

3. Chez l'épicier*

— Je voudrais 1 kilo de *pommes* s'il vous plaît.
  — Voilà, Madame, et après ?
— Je voudrais...

Remplacez

pommes → oranges (1 kilo), raisin (500 grammes ou une livre*). carottes* (1 kilo), pommes de terre (5 kilos).

Impératif + le, la, les

Recettes

1

On choisit quatre pommes.
On les lave.
On les épluche.
On les coupe en morceaux.
On les met dans une casserole*
et on les fait cuire avec un peu de sucre.

Continuez

Pour faire cette recette
  choisissez quatre pommes,
  lavez-les,
  ...

2

Prenez des pommes de terre (une par personne).
Lavez-les.
Mettez-les dans une casserole avec de l'eau.
Faites-les cuire.
Épluchez-les.
Mangez-les avec un peu de beurre.

Continuez

Pour faire cette recette,
on prend quatre pommes,
on...
...

Observez et répétez

Pierre : Maman, je ne trouve pas *mon ballon !*
Hélène : Cherche-le !

Remplacez

mon ballon → mon train, mon livre.

Observez et répétez

Philippe : *Pierre* n'est pas prêt ? Je pars !
Hélène : Attends-le 5 minutes.

Remplacez

Pierre → Évelyne, Marie, Michel, Alain.

du, de la, de l'

Observez et répétez

— Tu as maigri ! — Oui, je fais de la gymnastique tous les matins.
— Tu viens ? — Non, j'ai du travail.
— On va au cinéma ? — D'accord. Attends, je prends de l'argent.

en...

Observez et répétez

— Il faut aller chercher du *pain* pour le dîner !
— Mais non, il y en a...
— Tu en as acheté ?
— Oui, oui... J'en ai acheté ce matin.

Remplacez

pain → jambon, salade, œufs.

DU... / DE LA... / DE L'... / DES... → EN

Attention

1

— Vous voulez du *lait ?*
— Non merci, je n'en prends pas.
— Vous n'aimez pas le lait ?
— Non, je n'aime pas ça !

Remplacez

du lait → du vin, de la bière, des bananes.

2

— Il est bon ce *pain !* Où est-ce que vous l'avez acheté ?
— Rue Jasmin.

Remplacez

pain → fromage, poisson.

plus de..

Observez et répétez

Attention, il faut acheter :

pain	fruits	beurre	bière
salade	lait	café	

Rappel

— Ils ont une voiture ?

  — Non, non, ils n'ont pas de voiture.

Faites des phrases sur le modèle

Tiens, il n'y a plus de pain. Il faut en acheter.
→ Tiens, il n'y a plus de...

```
UN...      ⎫                 DU...       ⎫
UNE...     ⎬ → PAS DE...     DE LA...    ⎬ → PAS DE...
DES...     ⎭                 DE L'...    ⎭
```

tous les...

Observez

1 000 kilos = une tonne

Au petit déjeuner, les Parisiens boivent 70 tonnes de café, 1 tonne de thé, 25 tonnes de chocolat, 65 000 litres de lait, et mangent 3 millions de pains.

Le matin, 4 500 000 personnes partent travailler : 500 000 Parisiens prennent 3 500 autobus ; 1 500 000 prennent le métro ; 1 700 000 jeunes vont à l'école et 243 000 étudiants vont à l'université.

À midi, 61 000 restaurants préparent 3 millions de repas.

Le soir, de 17 h à 18 h, 4 500 000 travailleurs sortent des bureaux, des usines et des entreprises.

À partir de ce texte, faites quelques phrases sur le modèle

Tous les matins, au petit déjeuner, les Parisiens boivent 70 tonnes de café.
   ...
   ...

Synthèse

Articles

J'aime ⎧ le sucre. ⎫ → Je mange ⎧ du sucre.
     ⎨ la viande. ⎬   ⎨ de la viande.
     ⎩ les légumes. ⎭   ⎩ des légumes.

| aimer **le** ..., **la** ..., **l'** ..., **les** ... |
| manger **du** ..., **de la** ..., **de l'** ..., **des** ... |

REMARQUE : J'ai acheté **un** poisson   J'ai acheté **une** salade
                  du poisson   **de la** salade

Pronom *en*

Tu aimes $\left\{\begin{array}{l}\text{le fromage ?}\\\text{la viande ?}\\\text{les fruits ?}\end{array}\right\} \rightarrow$ Oui, je mange $\left\{\begin{array}{l}\text{du fromage}\\\text{de la viande}\\\text{des fruits}\end{array}\right\}$ tous les jours.

$\rightarrow$ Oui, j'**en** mange tous les jours.

$$\left.\begin{array}{l}\text{du}\\\text{de la}\\\text{de l'}\\\text{des}\end{array}\right\} \rightarrow \textbf{en}$$

pas de ..., plus de ...

Vous prenez du sucre ? — Non, je ne prends **pas de** sucre.

Mais :

Vous aimez le sucre ? — Non, je n'aime pas le sucre.

$$\left.\begin{array}{l}\text{du ...}\\\text{de la ...}\\\text{de l'...}\\\text{des ...}\end{array}\right\} \rightarrow \text{pas de ..., plus de ...}$$

Place du pronom

Je peux prendre ce livre ? — Oui, prends-**le**.
Je peux prendre cette lettre ? — Oui, prends-**la**.
Je peux prendre ces pommes ? — Oui, prends-**les**.

$$\text{Je} \left\{\begin{array}{l}\text{le}\\\text{la}\\\text{les}\end{array}\right\} \text{prends} \rightarrow \text{Prends-}\left\{\begin{array}{l}\text{le}\\\text{la}\\\text{les}\end{array}\right.$$

Verbes

boire				mettre			
Je	bois	Nous	buvons	Je	mets	Nous	mettons
Tu	bois	Vous	buvez	Tu	mets	Vous	mettez
Il Elle	} boit	Ils Elles	} boivent	Il Elle	} met	Ils Elles	} mettent

Passé composé

VERBES	**chanter** : Je chante, J'ai **chanté** **dessiner** **travailler** ... -er **choisir** : Je choisis, J'ai **choisi** **dormir** **grossir** **maigrir**	VERBES	**recevoir** $\rightarrow$ J'ai **reçu**... **attendre** attendu **voir** vu **boire** bu **mettre** mis **prendre** pris **conduire** conduit ... ...

Test

Complétez *(du, de la, de l' ; le, la, les).*

1. À midi, J'ai mangé ... viande. — **2.** Aujourd'hui, ... oranges sont chères. — **3.** Vous prenez ... sucre ? — Non merci, je préfère ... café sans sucre. — **4.** Si vous voulez maigrir, faites ... gymnastique. — **5.** Vous aimez ... beurre ? — **6.** Pour préparer ce plat, il faut ... jambon. — **7.** Michel me demande ... argent. — **8.** À midi, je bois toujours ... café.

Complétez *(en ; le, la, les).*

1. — Vous aimez le poulet ?
   — Oui, j'... mange toutes les semaines.
2. — Tu as de l'argent ?
   — Oui, j'... ai pris à la banque ce matin.
3. — J'ai lavé les pommes de terre et je ... ai épluchées.

4. — Il y a de la bière ?
   — Oui, Philippe ... a acheté ce matin.
5. — Pierre, où sont tes chaussures ?
   — Je ... ai mises dans ma chambre.
6. — Vous n'avez pas d'oranges ?
   — Non, mais j'... reçois demain.

Continuez

MENU	Tomates grillées	→ Aujourd'hui on mange des tomates grillées
	Veau-pommes de terre	...
	Salade verte	...
	Fromage	...
	Gâteau au chocolat	...

Refaites ces phrases en remplaçant les mots en italique par « ce matin » ou « aujourd'hui » et en mettant le verbe au passé composé.

1. Philippe prend le métro *tous les matins.* — 2. Je bois du café *tous les jours* à 11 heures. — 3. Je reçois une lettre de mon père *toutes les semaines.* — 4. Pierre dort une heure *tous les jours* après déjeuner. — 5. *Tous les soirs* je rencontre Marie. — 6. Vous conduisez Pierre à l'école *tous les jours ?*

Dossier V

1

Passé composé

être, avoir, pleuvoir

Observez et répétez

Aujourd'hui
   il pleut dans l'Ouest,
   il y a du soleil dans le Sud,
   il y a des nuages ⎱ dans le reste
   le temps est nuageux ⎰ de la France.

Hier aussi
   il a plu dans l'Ouest,
   il y a eu du soleil dans le Sud,
   il y a eu des nuages ⎱ dans le reste
   le temps a été nuageux ⎰ de la France.

Dans le sud de la France
   il fait toujours beau,
   il y a quelques orages,
   mais il ne pleut pas beaucoup.

Mais hier à Marseille
   il n'a pas fait très beau,
   le temps a été nuageux,
   le soir, il y a eu un orage,
   et il a plu pendant deux heures.

Rappel

Observez et répétez

— Il aime dessiner ?
   — Oui, beaucoup. Il dessine tous les jours. Hier, par exemple, *il a dessiné* pendant deux heures.

— Pierre dort maintenant ?
   — Non, *il a dormi* de 1 heure à 3 heures. Maintenant il joue.

À vous : faites des émissions de météorologie

	hier	aujourd'hui
Dans le Nord		
Dans le Sud		
Dans l'Ouest		
Dans la région de Toulouse		

Remplacez

dessiner → jouer (avec ses voitures), regarder la télévision.

dormir → dessiner, regarder la télévision, jouer.

Attention !

— Vous prenez le métro pour aller travailler ?
— Non, je l'ai pris pendant des mois, mais maintenant je ne le prends plus. Je prends ma voiture.

— Vous aussi, vous prenez votre voiture ?
— Non, moi je l'ai prise pendant deux ans, mais maintenant je prends le métro.

— Tu as pris ton ballon ?
— Oui, je l'ai pris.
— Tu as pris ta voiture ?
— Oui, je l'ai prise.
— Tu as vu Michel ?
— Oui, je l'ai vu.
— Tu as vu Marie ?
— Oui, je l'ai vue.

beau, beaux, belles

Observez et répétez

— Pierre, elle est à toi cette *voiture ?*
— Oui.
— C'est une belle voiture !

— Il est à toi ce *vélo ?*
— Oui.
— C'est un beau vélo !

Remplacez

voiture/vélo → camion, chien, livre, bicyclette (= vélo), chambre.

Observez et répétez

Pour faire cette recette, il faut (pour quatre personnes) :
   un beau poulet
   quatre belles pommes,
   deux belles tranches de jambon.

Transposez

→ ... il faut (pour huit personnes) :
   deux...
   ...
   ...

Futur

être, avoir, faire, pleuvoir

Observez et répétez

Dans le Sud → Demain
il y a du soleil,   il y aura du soleil,
il fait chaud*,   il fera chaud,
le temps est beau.   le temps sera beau.

Dans le Nord → Demain
il y a des nuages,   il y aura des nuages,
il pleut,   il pleuvra,
il fait mauvais.   il fera mauvais.

À vous maintenant

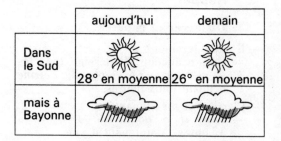

	aujourd'hui	demain
Dans le Sud	☀ 28° en moyenne	☀ 26° en moyenne
mais à Bayonne	🌧	🌧

être, venir, pouvoir

Observez et répétez

Michel : Je voudrais voir les Brisson.
Philippe : Ils seront chez nous demain soir.
  Viens dîner. Nous serons six.
Michel : Six ?
Philippe : Oui, Marie sera là !
Michel : Eh bien merci. Je viendrai.

Apprenez

être		venir	
Je	serai	Je	viendrai
Tu	seras	Tu	viendras
Il		Il	
Elle	sera	Elle	viendra
On		On	
Nous	serons	Nous	viendrons
Vous	serez	Vous	viendrez
Ils		Ils	
Elles	seront	Elles	viendront

Observez et répétez

— Tu seras *chez toi* à quelle heure *ce soir ?*
  — Ce soir je serai chez moi à *8 heures*,
  8 heures et demie.
— Je pourrai te voir ?
  — Si tu veux, viens !

Faites la même chose avec

bureau, demain, 9 heures
bibliothèque, cet après-midi, 3 heures

Apprenez

Je	pourrai	Nous	pourrons
Tu	pourras	Vous	pourrez
Il		Ils	
Elle	pourra	Elles	pourront
On			

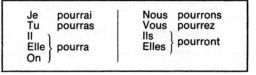

2

Passé composé (rappel)

Observez et répétez

Pour aller à Dinan,
  on prend la route nationale 23,
  on la quitte à La Fourche,
  on prend la départementale 10,
  et on retrouve la route nationale à
Bellème.

Transposez

— Vous avez pris quelle route pour aller à
  Dinan ?
→ — On...
  — Nous...
— Les Laurel ont pris quelle route pour aller
  à Dinan ?
→ — Ils...

Futur (suite)

Observez et répétez

— Tu ne prends pas tes affaires main-
  tenant ?
  — Non, je les prendrai demain.
— Tu ne travailles pas aujourd'hui ?
  — Non, je travaillerai demain.

Apprenez

Je	prendrai	Je	travaillerai
Tu	prendras	Tu	travailleras
Il		Il	
Elle	prendra	Elle	travaillera
On		On	
Nous	prendrons	Nous	travaillerons
Vous	prendrez	Vous	travaillerez
Ils		Ils	
Elles	prendront	Elles	travailleront

La carte

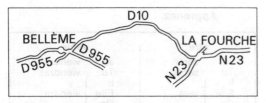

Observez et répétez

— Alain m'a demandé d'aller le voir, mais je n'ai pas son adresse.
   — Pour aller chez lui,
      on prend le train gare de Lyon (le train de Fontainebleau),
      on s'arrête à Grand-Bourg ; il y a un café devant la gare ;
      on demande la rue du Château ;
      on prend cette rue ; il habite près de la pharmacie.

Observez et répétez

— Tu mettras combien de temps pour aller chez lui ?
   — À peu près trois heures.

Observez et répétez

Pour faire cette recette,
   vous prenez quatre pommes,
   vous les lavez,
   vous les épluchez,
   vous les mettez dans une casserole,
   vous ajoutez de l'eau et du sucre (huit morceaux),
   et vous les faites cuire.

Futur + *dans*

Paris, 7 h...

Paris	Chartres	Le Mans	Laval	Rennes
7 h	8 h 15	10 h 03	10 h 51	11 h 32

Continuez

— Pour aller à Dinan, il faut prendre quelle route ?
→ — Tu prendras...
→ — Vous prendrez...

Transposez

— Pour aller chez lui, tu prendras...
→ Pour aller chez lui, vous prendrez...

Apprenez

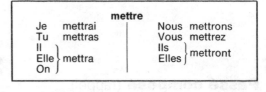

mettre

Je mettrai	Nous mettrons
Tu mettras	Vous mettrez
Il	Ils
Elle } mettra	Elles } mettront
On	

Transposez

→ Pour faire cette recette vous prendrez...
   ...

Faites des phrases sur ce modèle

On sera à Chartres à quelle heure ?
— À 8 h 15.

On sera à Chartres dans combien de temps ?
— Dans 1 h 15.

Moyennes

En train

Paris → Rennes	2 h 58	374 km
Paris → Lyon	3 h 47	512 km
Paris → Bordeaux	3 h 50	581 km
Paris → Marseille	6 h 39	863 km

Les Vingt-Quatre heures du Mans

ANNÉE	VAINQUEUR	DISTANCE	VITESSE MOYENNE
1973	Pescarolo	4 854 km	202 km/h
1974	Pescarolo	4 606,5 km	192 km/h
1975	Ickx	4 597,5 km	191,5 km/h
1976	Ickx	4 770 km	198,6 km/h

Faites des phrases sur ce modèle

Quand on va de Paris à Rennes en train, on met 2 heures 58 pour faire 374 kilomètres. Le train roule à 126 kilomètres à l'heure en moyenne :
374 : 2,58 = 126 (374 divisé* par 2,58 égale* 126).

→ Quand on va de Paris à Lyon...

Faites des phrases sur ce modèle

En 1973, c'est Pescarolo qui a gagné les Vingt-Quatre Heures du Mans. Il a fait 4 854 kilomètres en 24 heures. Cela fait une moyenne de 202 kilomètres à l'heure :
4 854 : 24 = 202 (4 854 divisé par 24 égale 202).

→ En 1974...

3

ralentir

Apprenez

présent	passé composé	futur
Je ralentis	J' ai ralenti	Je ralentirai
Tu ralentis	Tu as ralenti	Tu ralentiras
Il Elle } ralentit On	Il Elle } a ralenti On	Il Elle } ralentira On
Nous ralentissons	Nous avons ralenti	Nous ralentirons
Vous ralentissez	Vous avez ralenti	Vous ralentirez
Ils Elles } ralentissent	Ils Elles } ont ralenti	Ils Elles } ralentiront

Impératif

être

Observez et répétez

— Tu viens avec nous ce soir ?
— Oui, si vous voulez bien.
— Alors sois prêt à 8 heures !

— Vous venez avec nous... alors soyez prêt à 8 heures !

Apprenez

être
Sois
Soyez

Verbes pronominaux (s'arrêter, se reposer, s'énerver)

Observez et répétez

— Moi, quand *je* conduis, je m'arrête tous les 100 kilomètres pour me reposer un peu.

Remplacez

> je → il, Michel.

Observez et répétez

— Tu es fatigué ? Arrête-toi !
                repose-toi !
                ne t'énerve pas !

Transposez

> Conseils de sécurité
> Au volant, vous êtes fatigué ?
> → Arrêtez...
> ...
> ...

très, trop

Observez et répétez

— Vous n'achetez pas de *pommes ?*
— Non, elles sont trop chères aujourd'hui.

Remplacez

> pommes → raisin, bananes, gâteaux.

Observez et répétez

— J'ai vu un appartement rue Jasmin, mais je ne l'aime pas.
L'immeuble est vieux* (il a 35 ans),
les pièces sont petites,
le loyer est cher,
les frais sont élevés.

Transposez

— Vous ne prenez pas l'appartement de la rue Jasmin ?
→ — Non, l'immeuble est trop...
    ...
    ...

Complétez les phrases suivantes avec trop **ou** très

Alain est...fatigué, mais il travaille quand même. — Nous ne prendrons pas cet appartement, le loyer est...élevé. — Cet appartement est...cher, mais la banque me prête de l'argent. — Je n'ai pas envie d'aller au cinéma, je suis...fatiguée.

beaucoup de... trop de...

Observez et répétez

À Paris, il y a
beaucoup de voitures,
beaucoup d'embouteillages,
beaucoup d'usines,
et beaucoup de fumée.

Transposez

— Vous aimez Paris ?
→ — Non, il y a trop de voitures,
    ...
    ...
    ...

Observez et répétez

— J'ai grossi !
— Tu manges trop de *pain !*

Remplacez

> pain → fromage, bananes, pommes de terre, gâteaux.

4

salir, essayer

Apprenez

	présent		passé composé				futur	
J(e)	salis	essaie	ai	sali	ai	essayé	salirai	essaierai
Tu	salis	essaies	as	sali	as	essayé	saliras	essaieras
Il } Elle } On)	salit	essaie	a	sali	a	essayé	salira	essaiera
Nous	salissons	essayons	avons	sali	avons	essayé	salirons	essaierons
Vous	salissez	essayez	avez	sali	avez	essayé	salirez	essaierez
Ils } Elles }	salissent	essaient	ont	sali	ont	essayé	saliront	essaieront

aller

Observez et répétez

— Tu vas à la bibliothèque aujourd'hui ?
— Non, j'irai demain.

Apprenez

J'	irai	Nous	irons
Tu	iras	Vous	irez
Il } Elle } On)	ira	Ils } Elles }	iront

Futur (rappel)

Observez et répétez

Quand on quitte Paris pendant le week-end,
    il y a des embouteillages,
    on ne peut pas dépasser,
    on s'énerve,
    les enfants sont fatigués,
    ils mangent dans la voiture,
    ils la salissent,
    on se met en colère.

Transposez

Ne quittez pas Paris vendredi soir,
→ il y aura des embouteillages,
vous...
...

Futur (*aller* + verbe à l'infinitif)

Observez et répétez

— *Tu* pars maintenant ?
— Oui, je vais partir tout de suite.
— Et toi ?
— Non, moi je ne vais pas partir ce soir. Je partirai demain.

Remplacez

Tu →	Il Et lui ?	Ils Et eux ?	Vous (je) Et vous (nous) ?

Observez et répétez

— Je suis fatigué !
  — Eh bien, retourne chez toi,
         regarde la télévision,
         dors,
         et ne travaille pas !

Transposez

→ Je suis fatigué
   je vais retourner chez moi,
   je...
   ...

Observez et répétez

— Qu'est-ce que vous faites pendant le week-end ?
  — Le samedi, je reste chez moi, je dors, je me repose.
  Le samedi soir, je dîne avec des amis.
  Le dimanche, je sors, je vais au cinéma.
  Le dimanche soir, je regarde la télévision.

Transposez

— Qu'est-ce que vous allez faire pendant le week-end ?
→ — Samedi, je vais...

— Qu'est-ce que vous ferez pendant le week-end ?
→ — Samedi, je resterai...

essayer de..., avoir envie de...

Observez et répétez

Hélène : Qu'est-ce que tu as ? Tu es malade ?
Philippe : Malade, non, mais je ne suis pas bien.
Hélène : Ne reste pas là... Fais un effort ! Essaie de *travailler* un peu !
Philippe : Mais... je n'ai pas envie de travailler.

Remplacez

> travailler → dormir un moment, se reposer, regarder la télévision.

> VOULOIR + infinitif | ESSAYER DE / AVOIR ENVIE DE + infinitif

sa, son

Observez et répétez

— C'est la voiture d'Hélène ?
  — La voiture verte ? Oui, c'est sa voiture.

Faites la même chose avec

> médecin, voiture blanche
> directeur, voiture noire
> secrétaire, voiture rouge

Observez et répétez

— C'est le *vélo* de Pierre ?
  — Oui, c'est son vélo.

Remplacez

> vélo → chambre, chien, photo*, camion.

Synthèse

Passé composé

être : J'ai été	avoir : J'ai eu Il y a … Il y a eu …	faire : J'ai fait

Futur

travailler		choisir	prendre	mettre
Je travaillerai	Nous travaillerons	Je choisirai	Je prendrai	Je mettrai
Tu travailleras	Vous travaillerez	…	…	…
Il Elle } travaillera	Ils Elles } travailleront	…	…	…

être	avoir	faire	aller	venir	pouvoir
Je serai	J' aurai	Je ferai	J' irai	Je viendrai	Je pourrai
Tu seras	Tu auras	Tu feras	Tu iras	Tu viendras	Tu pourras
…	Il y a. Il y aura	…	…	…	…

Verbes pronominaux

Il faut te reposer. → Repose-toi.	Il ne faut pas t'énerver. → Ne t'énerve pas.
Il faut vous reposer. → Reposez-vous.	Il ne faut pas vous énerver. → Ne vous énervez pas.

Futur (*aller* + verbe à l'infinitif)

— Tu téléphones ? — { Oui, je vais téléphoner tout de suite.
Non, je téléphonerai demain.

Test

Mettez les verbes au passé composé.

1. Pierre … *(téléphoner)*
2. Il … un orage. *(il y a)*
3. Nous … le mois dernier. *(déménager)*
4. Marie-Claude … *(maigrir)*
5. Vous … ? *(choisir)*
6. Qu'est-ce que tu … dans ce plat ? *(mettre)*
7. Michel … un gâteau ! *(faire)*
8. Je … le directeur. *(voir)*
9. Pierre … son lait. *(boire)*
10. Philippe … malade. *(être)*

Mettez les verbes en italique au futur.

1. Vous *indiquez* votre nom. — 2. Tu *demandes* cette adresse à Pierre. — 3. Si vous voyez ce panneau, vous *ralentissez*. — 4. Je ne *peux* pas sortir demain. — 5. Tu *es* chez toi ce soir ? — 6. Je pars à la campagne. Vous *venez* me voir dimanche ? — 7. Je *vais* chez Pierre dans un mois. — 8. J'*ai* vingt ans dans deux jours. — 9. Pour aller en Bretagne, vous *prenez* l'autoroute de l'Ouest. — 10. Vous *remboursez* ce prêt en 15 ans.

Documents complémentaires

Le temps

Quel temps fait-il ?

   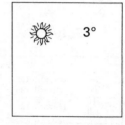

Le temps d'hier

Le matin   L'après-midi   Le soir

Le temps du week-end

Demain matin   Demain après-midi   Demain soir   Après-demain

La route...

Nous avons 18 000 km d'autoroutes
...mais **72 000 km d'autres routes.**

**Avec la R 5, *vous roulerez sans problèmes*
*sur toutes les routes.***

**Petit verre
Grand danger**

BOIRE OU CONDUIRE
il faut choisir.

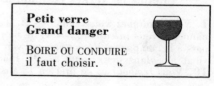

Dossier VI

1

le plus..., un des plus...,
la plus..., une des plus...

Observez et répétez

> La Renault 14, la Simca 1600, la Peugeot 504 sont des voitures très récentes.
> Ce sont les voitures les plus récentes.
> La Renault T 14 est une des voitures les plus récentes.

Observez et répétez

Les Brisson veulent déménager. Ils ont vu
des appartements très grands,
très récents,
très confortables
et... très chers !

Transposez

— Et ils ont choisi le plus grand ?
→ — Non, pas le plus grand, mais
un des plus grands,
un des plus...

Observez et répétez

Les Laurel veulent une voiture neuve*. Ils
ont vu des voitures récentes,
confortables,
très belles
et... très chères !

Transposez

— Et ils ont choisi la plus récente ?
→ — Non, pas la plus récente, mais
une des plus récentes,
une des plus...

le meilleur..., la meilleure...,
les meilleurs..., les meilleures...

Observez et répétez

ICI
ON VEND
DU BON *CAFÉ*
LE MEILLEUR CAFÉ DE LA RÉGION

Remplacez

> café → fromage, tomates, bière, jambon.

plus de..., moins de... (rappel)

Observez

Paris.........	Rennes	311 km
Paris.........	Lyon	387 km
Paris.........	Reims	139 km
Paris.........	Tours	191 km
Paris.........	Vichy	295 km
Paris.........	Marseille	628 km

Faites des phrases à partir du tableau

De Paris à Rennes, il y a plus de 300 kilomètres.
De Paris à Lyon, il y a moins de 400 kilomètres.
De Paris à Reims,...

plus de... → supérieur à... → dépasser ; moins de... → inférieur à...

Observez

Salaires mensuels* (chiffres de 1977) Salariés* gagnant			
moins de	%	plus de	%
1 270 F	10 %	3 800 F	15,9 %
1 900 F	33,8 %	6 330 F	4,6 %
2 530 F	59 %	10 130 F	1,5 %
3 800 F	84,6 %		

Faites des phrases sur les modèles

10 % des salariés français { gagnent moins de 1 270 francs par mois.

ont un salaire inférieur à 1 270 francs par mois.

15,9 % des salariés français { gagnent plus de 3 800 francs par mois.

ont un salaire supérieur à 3 800 francs par mois.

ont un salaire qui dépasse 3 800 francs par mois.

c'est... qui

Observez et répétez

Richard fait tout chez lui !
Il fait les réparations dans l'appartement.
Il lave la voiture.
Il conduit son fils à l'école.
Il prépare les repas...

Transposez

→ C'est Richard qui fait tout chez lui. C'est lui qui...

votre (rappel)

Observez et répétez

Entre. démén. cherch. conduct. Écrire en indiq. nom, prénom, âge, adresse, prof.

Une entreprise de déménagement cherche un conducteur. Écrivez en indiquant votre nom, votre prénom, votre âge, votre adresse, votre profession.

Faites la même chose avec

Famille cherch. personn. garde enfants. Écrire en indiq. nom, prénom, âge, adresse, prof.

2

de plus en plus..., de moins en moins...

Observez et répétez

Tout augmente ! Les *loyers* sont de plus en plus chers.

Remplacez

> loyers → voitures, transports, places de cinéma.

Observez et répétez

— Et votre fils, il dort bien ?
— Non, il *dort* de moins en moins.

Remplacez

> dormir → manger, travailler.

mieux

Observez et répétez

> Une voiture, c'est bien,
> mais une *Renault*, c'est mieux !

Remplacez

> Renault → Simca, Citroën, Peugeot.

leur, leurs

Observez et répétez

Quand Pierre part, il veut tout emmener avec lui :
 un ballon,
 un chien,
 une bicyclette,
 des voitures,
 des livres...

Transposez

→ Quand Pierre part, il veut tout emmener avec lui :
 son ballon,
 ...

→ Quand Pierre et Évelyne partent, ils veulent tout emmener avec eux :
 leur ballon,
 ...

plus de..., pas autant de... ; moins bien..., mieux...

Observez et répétez

En ville,
 on respire moins bien qu'à la campagne,
 on se repose moins bien,
 on dort moins bien,
 on circule moins bien...
mais on a plus de cinémas,
   plus de restaurants,
   plus de théâtres*,
qu'à la campagne !

Transposez

→ À la campagne,
 on n'a pas autant de cinémas,
 ...
mais on respire mieux qu'en ville,
 ...

de plus en plus..., augmenter ;
de moins en moins..., diminuer

Observez

Consommation par personne et par an (en kilos)			
	1959	1966	1974
Pain	100	84,5	70,8
Sucre	29,8	31,5	39,4
Pommes de terre	119,9	99,5	94,7
Fruits frais	34,3	52,6	61,1
Viande	68,8	79,3	89,7
Beurre	7,7	9,8	9,8
Fromage	8,8	13,7	15
Vin } en litres	100	115,1	103
Bière }	39,5	39,7	41,4

Faites quelques phrases sur les modèles

En 1959, les Français ont consommé 100 kilos de pain par personne. En 1966, 84 kilos 500. En 1974, 70 kilos 800.

→ Les Français consomment de moins en moins de pain.
La consommation de pain diminue.

3

faire + infinitif

Observez et répétez

— Pierre est malade. Il faut le faire examiner.

Complétez avec faire et le verbe proposé

La télévision ne marche pas. Il faut ... *(réparer)*. Pierre ne va pas à l'école aujourd'hui. Il faut ... *(garder)*. Les enfants ont sali la voiture. Il faut ... *(nettoyer)*.

s'en occuper

Observez et répétez

— J'ai vraiment trop de problèmes !
— Qu'est-ce qu'il y a ?
— Il y a... la voiture à conduire au garage, le téléphone qui ne marche pas, le loyer à payer, les réparations à faire faire dans la salle de bain !

Faites des dialogues sur ce modèle

— Mais... la voiture, Philippe ne s'en occupe pas ?
— Non, c'est moi qui m'en occupe ! Je m'occupe de tout !

Observez et répétez

—————— Agence Gervais ——————

Vous voulez *louer un appartement ?*
Ne vous en occupez pas tout seul !
L'agence Gervais
s'en occupera mieux que vous !

Remplacez

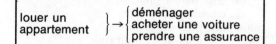

louer un appartement } → { déménager / acheter une voiture / prendre une assurance

s'occuper de lui, d'elle

Observez et répétez

La secrétaire : Monsieur, il y a *une personne qui vous attend.*

Le directeur : Je ne peux pas m'occuper d'elle. Je n'ai pas le temps !

La secrétaire : Monsieur, il y a une personne qui vous attend.

Le directeur : Occupez-vous d'elle, Mademoiselle !

Remplacez

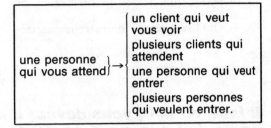

tous les...

Observez et répétez

```
───── Pour penser à tout ─────
Donner un cachet à Pierre à 8 h, 10 h,
midi, 2 h, 4 h, 6 h.
Voir le médecin le 15 décembre, le
15 mars, le 15 juin.
Conduire la voiture au garage le 1er dé-
cembre, le 1er avril, le 1er août.
```

Continuez

Hélène donne un cachet à Pierre toutes les deux heures.
→ Elle voit...
→ Elle conduit...

facile à...

Observez et répétez

Achetez la R 4.
  On la conduit,
  on l'utilise,
  on la gare,
  on la revend*... sans problèmes !

Transposez

Achetez la R 4.
→ C'est une voiture facile à...
    ...

mon, ma, mes ; ton, ta, tes ; son, sa, ses

Attention

Féminin	Masculin
C'est ma voiture	C'est mon directeur
mais : C'est mon école	
mon + $\begin{cases} a... \\ e... \\ i... \\ o... \\ u... \end{cases}$	

Observez et répétez

— Que fait Monsieur Bertin ?
— Il est directeur d'une agence à Paris.
— Je pense qu'il a des problèmes en ce moment.
— Oui ! son agence ne marche pas très bien.

Faites la même chose avec

Monsieur Daraut, entreprise de transports (Toulouse).
Monsieur Millet, théâtre (Rennes).
Monsieur Saubon, usine (Lille).
Monsieur Gerbaud, banque (Paris).

4

il faut, on doit, vous devez ; il ne faut pas, on ne doit pas, vous ne devez pas

Observez et répétez

Quand on voit ce panneau,
  { il faut s'arrêter.
  { on doit s'arrêter.
Quand vous voyez ce panneau,
  { il faut vous arrêter.
  { vous devez vous arrêter.

Faites la même chose avec

rouge
bleu

le plus, la plus

Observez et répétez

Christine : Moi, j'ai envie
  d'une grosse voiture,
  d'une belle voiture,
  d'une voiture récente !

Didier : Moi, je préfère
  une voiture confortable,
  une voiture économique,
et une voiture facile à conduire.

Transposez

— Un bon conseil : quand vous voulez acheter une voiture,
  n'achetez pas la plus...
  achetez plutôt la plus...

assez souvent, plus souvent, mieux

Observez et répétez

— Je ne conduis pas bien !
— Parce que tu ne *conduis* pas assez souvent. Quand tu conduiras plus souvent, tu conduiras mieux.

Remplacez

conduire → dessiner, parler.

Observez et répétez

— Christine ne *conduit* pas bien !
— Parce qu'elle s'énerve trop. Quand elle s'énervera moins, elle conduira mieux !

Remplacez

conduire → dormir, travailler.

Le passif

On interroge le candidat sur le code de la route.
On demande Monsieur Brunet chez le directeur.
On attend Madame Garrel au secrétariat*.
On appelle tous les candidats à 9 heures.
On ne vend plus cette voiture depuis deux ans.

Transposez

→ Le candidat est interrogé sur le code de la route.
...

être capable de, en être capable

Observez et répétez

— Tu penses que Christine *aura son permis ?*
— Non, elle n'en est pas capable.
— Mais si*, moi je pense qu'elle en est capable.
— On verra bien !

Remplacez

| avoir son permis | → | apprendre le code de la route
garer cette grosse voiture
conduire dans Paris
circuler sans problèmes |

Synthèse

Expression de la quantité

	ADJECTIFS	NOMS	VERBES	ADVERBES
Jean	est *très* fatigué	a *beaucoup* d'amis	sort *beaucoup*	sort *très* souvent
	est *trop* fatigué	a *trop* d'amis	sort *trop*	sort *trop* souvent
+	est *plus* fatigué *que* Luc	a *plus* d'amis *que* Luc	sort *plus que* Luc	sort *plus* souvent *que* Luc
−	est *moins* fatigué *que* Luc	a *moins* d'amis *que* Luc	sort *moins que* Luc	sort *moins* souvent *que* Luc
=	est *aussi* fatigué *que* Luc	a *autant* d'amis *que* Luc	sort *autant que* Luc	sort *aussi* souvent *que* Luc
↗	est *de plus en plus* fatigué	a *de plus en plus* d'amis	sort *de plus en plus*	sort *de plus en plus* souvent
↘	est *de moins en moins* fatigué	a *de moins en moins* d'amis	sort *de moins en moins*	sort *de moins en moins* souvent
C'est lui qui	est *le plus* fatigué	a *le plus* d'amis	sort *le plus*	sort *le plus* souvent
	est *le moins* fatigué	a *le moins* d'amis	sort *le moins*	sort *le moins* souvent

Paul gagne *plus de* 5 000 F par mois.
Son salaire est *supérieur à* 5 000 F par mois.
Son salaire *dépasse* 5 000 F par mois.

(Aujourd'hui il a fait *plus de* 30⁰)
(La température a été *supérieure à* 30⁰).
(La température *a dépassé* 30⁰).

Pierre gagne *moins de* 3 000 F par mois.
Son salaire est *inférieur à* 3 000 F par mois.

Paul gagne *de plus en plus* d'argent.
Son salaire *augmente*.

Paul gagne *de moins en moins* d'argent.
Son salaire *diminue*.

Ce gâteau est *très bon*.
Ce gâteau est *meilleur* que les autres.
Ce gâteau est *le meilleur*.

Pierre travaille *très bien*.
Pierre travaille *mieux* que les autres.
C'est Pierre qui travaille *le mieux*.

Verbes

vendre		obtenir		employer	
Je vends	Nous vendons	J' obtiens	Nous obtenons	J' emploie	Nous employons
Tu vends	Vous vendez	Tu obtiens	Vous obtenez	Tu emploies	Vous employez
Il Elle } vend	Ils Elles } vendent	Il Elle } obtient	Ils Elles } obtiennent	Il Elle } emploie	Ils Elles } emploient

Possessifs

	NOMS AU SINGULIER			NOMS AU PLURIEL		
	singulier		*pluriel*		*singulier*	*pluriel*
1re personne	**ma** voiture (fém.) **mon** école (fém.) **mon** bureau (masc.)		**notre** voiture école bureau		**mes** livres pommes	**nos** livres pommes
2e personne	**ta** voiture **ton** école **ton** bureau		**votre** voiture école bureau		**tes** livres pommes	**vos** livres pommes
3e personne	**sa** voiture **son** école **son** bureau		**leur** voiture école bureau		**ses** livres pommes	**leurs** livres pommes

Test

Transformez les phrases en utilisant *très, beaucoup, beaucoup de...*

1. Il y a des immeubles qui n'ont pas d'ascenseur. — **2.** Quand on habite en banlieue, les transports sont longs. — **3.** Elle grossit. — **4.** Déménager, c'est fatigant. — **5.** Il a du travail. — **6.** C'est un film intéressant. — **7.** C'est lourd.

Transformez les phrases en utilisant *c'est... qui.../qu'...*, et *le plus..., la plus..., le meilleur..., le mieux...*

Exemple : À Brest il pleut beaucoup. → C'est à Brest qu'il pleut le plus.

1. Dans le Sud-Ouest, il y a beaucoup d'orages. — 2. Pierre roule très vite. — 3. Pour le moment il y a beaucoup d'embouteillages sur l'autoroute A 6. — 4. Ce virage est très dangereux. — 5. Monsieur Berriet joue un rôle très important. — 6. Marie chante très bien. — 7. Michel a une très bonne voiture.

Utilisez le possessif qui convient.

1. Vous avez ... voiture? — 2. Pierre ne veut pas prêter ... train. — 3. J'ai un problème : ... propriétaire ne veut pas faire de réparations dans l'appartement. — 4. J'ai demandé un prêt à ... banque. — 5. Il ne peut pas conduire : il n'a pas ... permis. — 6. Vous voulez maigrir? Alors, faites attention à ... aliments. — 7. Tu peux me montrer ... recette? — 8. Pierre, mets tes chaussures. — 9. Pierre n'a pas mangé ... morceau de viande. — 10. Quand est-ce que vous avez pris ... congés? — 11. Pierre n'a pas mangé ... tartine. — 12. Gérard Grieux a des problèmes : ... entreprise ne marche pas.

Documents complémentaires

L'industrie automobile française

	CHIFFRE D'AFFAIRES	PRODUCTION	EXPORTATION
CHRYSLER FRANCE	5 milliards 610 millions	510 653	302 700
PEUGEOT	11 milliards 821 millions	758 570	365 000
CITRÖEN	11 milliards 695 millions	679 249	305 046

Pour une conduite économique

Le prix de l'essence a encore augmenté ! Alors, comment faire des économies en utilisant sa voiture ?

● Les économies*, on les fait d'abord quand on achète et quand on vend sa voiture. Un conseil : si vous achetez une voiture d'occasion*, n'achetez pas une voiture de l'année. Préférez une voiture d'un an, qui a fait 10 000 kilomètres, par exemple ; c'est moins cher. Ne revendez pas une voiture trop tard* : si vous dépassez 40 000 km, vous aurez des réparations à faire, et donc des frais.

● Ne roulez pas trop vite : sur beaucoup d'automobiles, vous consommez moins de 8 litres aux 100 km à 90 de moyenne, et plus de 14 litres à 130.

— N'utilisez pas votre « starter ». Partez quand votre moteur est chaud.
— Roulez à une vitesse régulière*. Ne freinez pas trop souvent.
— Ne « poussez » pas vos vitesses, surtout la 1re et la seconde.
— N'attendez pas le dernier moment pour dépasser.
— Ne prenez pas de « super » quand ce n'est pas utile : le « super » coûte beaucoup plus cher que l'essence ordinaire. Beaucoup de voitures roulent très bien à l'essence ordinaire.

Dossier VII

1

lui

Observez et répétez

Christine : Je suis seule à Paris, mais j'ai beaucoup d'amis : Marie, Didier,...

Ils me téléphonent souvent.
Ils me parlent de leur travail.
Ils me présentent leurs amis.
Ils me prêtent des livres.
Ils me rendent toujours service !

Transposez

→ Christine est seule à Paris mais elle a... Ils lui...

→ Didier est seul à Paris mais il a... Ils lui...

lui / le, l', la, l', les

Observez et répétez

— Tu n'as pas de voiture ?
— Non, je l'ai prêtée à Paul.

— Paul prend le train ?
— Non, je lui ai prêté ma voiture.

Complétez avec le, la, l', les ou lui

— Tu n'as plus ta R 10 ? — Non, je ... ai vendue à Patrick.
— Patrick a encore sa 2 CV ? — Non, je ... ai vendu ma R 10.
— Tu as vu le directeur de l'école ? — Oui, je ... ai demandé le programme de l'année.
— Tu as le programme ? — Oui, je ... ai demandé au directeur.
— Hélène a demandé à Patrick de venir chez vous, mais elle ne ... a pas indiqué votre adresse.
— Hélène a votre adresse, mais elle ne ... a pas indiquée à Patrick.

le, la, l' ; que, qu'

Observez et répétez

J'ai *une maison* en Bretagne,
    je l'ai achetée il y a 6 ans,
    je l'ai habitée pendant 4 ans,
    je ne l'utilise plus,
    mais je la prête à des amis !

Transposez

→ J'ai une maison en Bretagne que j'ai achetée il y a 6 ans, ...

Remplacez

une maison → un appartement

celle que..., celles que...

Observez et répétez

> Vous aimez les belles voitures ?
> Nous avons celle que vous *cherchez*.

> Nous *vendons* des voitures
> et toutes celles que nous vendons
> sont parfaites.

Remplacez

> chercher → attendre, vouloir
> vendre → louer, présenter

2

il y a..., venir de...

Observez et répétez

— Alain a téléphoné.
 — Il y a combien de temps ?
— Il y a 10 minutes.

— Alain a téléphoné.
 — Il y a longtemps ?
— Non, il vient de téléphoner.

Faites la même chose avec

Marie est partie au bureau (1/2 heure).
Les Aubry ont déménagé (15 jours).
Béatrice a passé son permis de conduire
(24 heures).

ceux qui..., celles qui...

Observez et répétez

— J'ai vu beaucoup d'*appartements*, des
 appartements grands,
  confortables,
  avec le téléphone
  et un garage.

Transposez

→ ... mais ceux qui sont grands,
  ceux qui...
  ...
 sont trop chers pour moi.

Remplacez

> appartements → maisons

ceux qui... = les personnes qui...

Observez et répétez

En vacances, quand on a beaucoup
d'argent, on va à l'hôtel.
Quand on a un peu d'argent, on prend une
location.
Quand on n'a pas beaucoup d'argent, on
fait du camping.
Quand on n'a pas d'argent, on reste dans
son appartement.

Transposez

Ceux qui ont beaucoup d'argent vont à
l'hôtel.
→ ...

57

ceux qui..., celles qui...;
ceux que..., celles que...

Complétez

Achetez des fruits mais n'achetez pas ... sont trop chers. — J'aime les enfants mais je préfère ... sont calmes. — Les petites voitures sont ... consomment le moins d'essence. — J'ai envie d'un appartement plus grand mais... j'ai vus sont trop chers. — J'aime les maisons de vacances, surtout... sont au bord de la mer, mais toutes ... j'ai vues sont trop chères pour moi.

c'est... que...

Observez et répétez

C'est à Paris que les chiffres sont les plus élevés.

Répondez aux questions, en relisant le texte « Les vacances des Français » (Livre de textes, page 82).

Quand est-ce que le plus grand nombre des Français prennent leurs vacances ? — À quel moment est-ce que les départs sont les plus nombreux ? — En France, où est-ce qu'il y a le plus de touristes ?

sans + infinitif

Observez et répétez

Une personne de 50 ans :

Ah les jeunes ! Ils veulent gagner de l'argent, mais ils ne veulent pas travailler. Est-ce qu'on peut gagner de l'argent sans travailler ?

Complétez avec sans + infinitif

Un patron* de restaurant :

Ah les touristes ! Ils veulent bien manger, mais ils ne veulent pas dépenser d'argent. Est-ce qu'on peut... ?

Un vendeur de voitures :

Ah les clients ! Ils veulent avoir une belle voiture, mais ils ne veulent pas payer cher. Est-ce qu'on peut... ?

3

avoir de l'avance / du retard

Observez et répétez

— Le train arrive.
  — Il est à l'heure ?
— Non, il a du retard, 10 min de retard.

— Le train arrive.
  — Il est à l'heure ?
— Non, il est en retard, il a 10 min de retard.

Faites la même chose avec

Heure prévue	Heure d'arrivée
10 h	10 h 10
9 h 20	9 h 25
15 h 15	15 h
16 h 14	16 h 22

celui qui..., celle qui...;
celui que..., celle que...

Observez et répétez

Je n'aime pas ce *fromage*! Je préfère celui que j'ai mangé hier.

Je n'aime pas cette *bière*! Je préfère celle que j'ai bue hier.

Remplacez

fromage	→	viande, poisson, gâteau.
bière	→	café, vin, jus d'orange, thé.

Observez et répétez

Pour avoir le permis de conduire, tous les candidats passent une épreuve théorique. Mais...
    si on ne s'arrête pas quand il faut,
    si on ne freine pas quand il faut,
    si on ne ralentit pas quand il faut,
    si on se gare devant une sortie de garage, on doit recommencer l'épreuve pratique !

Transposez

→ Celui qui ne s'arrête pas...
    ...

moi, m'; lui, de lui, d'elle

Observez et répétez

Christine : Mes parents s'occupent beaucoup de moi. Cette année,
    ils m'ont acheté une voiture,
    ils m'ont loué un appartement,
    ils m'ont trouvé un travail intéressant,
    ils m'ont cherché un petit hôtel
    et ils m'ont réservé une chambre pour les vacances.

Transposez

→ Didier : Les parents de Christine s'occupent beaucoup d'...
    ...

Remplacez

Christine → Marc

donnez-moi..., donnez-lui..., sinon...

Observez et répétez

Si vous ne lui donnez pas ces renseignements, elle ne pourra pas partir.
Si vous ne lui réservez pas une place dans le train, elle restera à Paris.
Si vous ne lui téléphonez pas, il va attendre et s'énerver.
Si tu ne me dis pas ce que tu veux, je ne pourrai pas t'aider.

Transposez

→ Donnez-lui ces renseignements, sinon elle ne pourra pas partir.

→ ...

le plus... (rappel) ; c'est... qui... (rappel)

Observez et répétez

Alain parle toujours de lui...
Il a un appartement très confortable,
    une maison de campagne très belle,
    des enfants très intelligents,
    une voiture très récente.

Transposez

→ Il a l'appartement le plus confortable.
...

→ C'est lui qui a l'appartement le plus confortable.
...

4

celui qui...

Observez et répétez

Monsieur Delor a réservé une chambre dans un bon hôtel.
    Il a demandé les journaux du soir.
    Il a réservé une table* au restaurant.
    Il a choisi un bon vin...

À partir de ces renseignements, faites des phrases sur le modèle

— Voilà votre chambre, Monsieur ! C'est bien celle que vous avez réservée ?
— Voilà vos journaux...

celui de..., ceux de... ; celle de..., celles de...

Observez et répétez

Voilà la voiture de Patrick,
    les valises de Christine,
    le chien des Girard,
    la chambre de Pierre,
    les livres de Michel,
    la bicyclette d'Évelyne.

Faites des dialogues sur le modèle

— C'est à Patrick cette voiture ?
    — Oui, oui, c'est celle de Patrick !

Observez et répétez

— Et votre *chiffre d'affaires ?*
    — Celui de cette année est supérieur à celui de l'an dernier.

Remplacez

chiffre d'affaires → production, exportations

lui, leur

Observez et répétez

— Tu as téléphoné à *Béatrice ?*
—Non, pas encore.
— Alors, je lui téléphone, je lui demande de venir dîner et je lui dis que je la ramènerai chez elle.

Remplacez

Béatrice → les Laurel, Didier, tes parents

Complétez avec le, la,, l', les **ou** leur

— Tu n'as plus ta R 10 ?
— Non, je ... ai vendue à Patrick.
— Patrick et Christine ont toujours leur 2 CV ?
— Non, je ... ai vendu ma R 10.

— Tu as vu les professeurs ?
— Oui, je ... ai demandé le programme.
— Tu as vu le programme ? — Oui, je ... ai demandé aux professeurs.

— Hélène a demandé à Patrick et à Christine de venir chez vous, mais elle ne ... a pas indiqué votre adresse.
— Hélène a votre adresse, mais elle ne l'... pas indiquée à Patrick et Christine.

Lexique

Complétez

Cette année, notre entreprise a vendu beaucoup de voitures : nos ... ont augmenté de 10 %. — Vous pouvez louer un camion. La ... coûte 0,90 F par km. — Les Français conduisent trop vite. La police a arrêté 2 000 conducteurs pour ... de vitesse. — Le train ne part pas ? C'est bizarre ! Le ... est pourtant prévu pour 12 h 15. — Les Français consomment beaucoup de sucre. De 1959 à 1974 la ... par personne et par an a augmenté de 10 kilos. — Quand on attend, on s'énerve ; alors évitez les ... trop longues au guichet. Réservez par téléphone ! — Quelles sont les ... de la météo pour demain ? Je crois qu'on a prévu du beau temps.

Synthèse

Verbes

	présent		passé composé				futur	
J(e)	rejoins	crois	ai	rejoint	ai	cru	rejoindrai	croirai
Tu	rejoins	crois	as	rejoint	as	cru	rejoindras	croiras
Il Elle	rejoint	croit	a	rejoint	a	cru	rejoindra	croira
Nous	rejoignons	croyons	avons	rejoint	avons	cru	rejoindrons	croirons
Vous	rejoignez	croyez	avez	rejoint	avez	cru	rejoindrez	croirez
Ils Elles	rejoignent	croient	ont	rejoint	ont	cru	rejoindront	croiront

Pronoms compléments

3e personne : verbes construits avec à

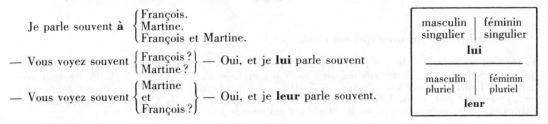

Je parle souvent à { François. Martine. François et Martine. }

— Vous voyez souvent { François ? Martine ? } — Oui, et je **lui** parle souvent

— Vous voyez souvent { Martine et François ? } — Oui, et je **leur** parle souvent.

masculin singulier	féminin singulier
lui	
masculin pluriel	féminin pluriel
leur	

Tableaux récapitulatifs

Type de verbe	SINGULIER		
	1re personne Masculin Féminin	2e personne Masculin Féminin	3e personne Masculin Féminin
connaître **parler à...**	Il **me** connaît Il **me** parle Voir Dossier II	Il **te** connaît Je **te** parle	Je **le** connais Je **la** connais Il **lui** parle

Type de verbe	PLURIEL		
	1re personne Masculin Féminin	2e personne Masculin Féminin	3e personne Masculin Féminin
connaître **parler à...**	Il **nous** connaît Il **nous** parle Voir Dossier III	Il **vous** connaît Il **vous** parle	Je **les** connais Il **leur** parle

IMPÉRATIF

attendre : attends-moi -nous attends-le -la -les	**téléphoner à...** : téléphone-moi -nous téléphone-lui -leur

celui qui... ; celui de... ; celle que... ; celle de...

— C'est à Pierre, ce ballon ? { — Oui, c'est **celui que** je lui ai acheté.
— Oui, c'est **celui de** Pierre.

— C'est à Pierre, cette voiture ? { — Oui, c'est **celle que** je lui ai achetée.
— Oui, c'est **celle de** Pierre.

masculin singulier	masculin pluriel	féminin singulier	féminin pluriel
celui qui...	ceux qui...	celle qui...	celles qui...
celui que...	ceux que...	celle que...	celles que...
celui de...	ceux de...	celle de...	celles de...

Test

Employez le pronom qui convient.

1. Où sont tes livres ? — Je... ai portés à la bibliothèque. — **2.** Pierre reste à la maison. C'est Béatrice qui va... garder. — **3.** Tu prends du lait ? — Non merci, je n'... veux pas. — **4.** Pierre veut venir chez..., il faut... indiquer ton adresse. — **5.** Il y a des limitations de vitesse. Mais les conducteurs ne... respectent pas. — **6.** Elle est seule. Il faut s'occuper d'... — **7.** Ce n'est pas le problème de Patrick. Ça ne... concerne pas. — **8.** Marie est malade. Je vais... porter des livres.

Composez des phrases avec les verbes proposés en utilisant *celui qui, que, qu'..., celle qui..., celles qui..., ceux qui...*

1. Mangez des fruits, mais évitez... *(faire grossir).* — **2.** ... *(ramener ses amis après un bon repas)* ne doit pas boire. — **3.** La police arrête des voitures. Tiens, elle a arrêté... *(venir de)* nous dépasser. — **4.** Demande une pomme à Marie ;... *(acheter)* sont toujours très bonnes. — **5.** Les fruits sont de plus en plus chers, mais le raisin est... *(augmenter le plus).* — **6.** Quelles sont les voitures qu'on vous achète le plus ? — La R 5 est... *(vendre le mieux pour le moment).*

Document complémentaire

Vacances pour tous ?

Maurice L... et Didier M... sont jeunes. Moyenne d'âge : 25 ans. Ils sont employés à la poste de Paris-Brune. Ils sont de Marmande — jeunes provinciaux* que l'administration* a fait venir à Paris.

La capitale, la grande ville, c'est pour eux, avec leur petit salaire, une chambre à 500 F par mois, et de longs après-midi, le dimanche, dans les rues de Paris.

Les vacances ? Est-ce que c'est le repos, les voyages ? Non.

« Je voudrais partir dans le Midi avec des copains, dit Maurice ; aller un peu en Italie ou en Espagne. Je travaille depuis le mois d'octobre, mais je ne réussis pas à faire des économies. Alors j'irai sans doute chez moi, dans le Sud-Ouest. »

« Moi, ajoute Didier, j'ai essayé de faire des économies pendant un mois : un repas sur deux, pas de cinéma, pas de café. J'ai mis de côté* la moitié de mon salaire : 800 F. Mais j'ai entamé* mes économies pour payer d'autres frais... ; alors, moi aussi, j'irai passer un mois chez mes parents à la campagne... »

Dossier VIII

1

où... ; que

Observez et répétez

— Vous connaissez *l'Italie ?*
   — Oui, très bien ! C'est le pays où je
   passe mes vacances depuis des
   années, et c'est vraiment le pays que
   je préfère.

Remplacez

> l'Italie
> → l'Espagne, le Portugal (le pays)
>   la Bretagne, la Savoie (la région)
>   Nice, Chamonix (la ville)

Observez et répétez

—————— TOURIST-CLUB ——————
Pendant vos vacances, vous voulez
rencontrer des gens intéressants,
mais vous voulez aussi être au calme,
vous reposer, oublier vos soucis,
profiter de chaque minute !
Alors, venez, notre club vous attend !

Transposez

→ Le Tourist-club vous attend.
   C'est un endroit où vous rencontrerez...
   ...

pour ne pas...

Observez et répétez

Quand je travaille trop, je suis fatigué(e).
Quand je mange trop, je grossis.
Quand je conduis trop, je suis énervé(e).
Quand je bois trop, je suis malade.
Quand je fume trop, j'ai mal* à la tête...

Transposez

→ ..., alors, pour ne pas être fatigué(e),
   je travaille moins...
   ...

Verbes pronominaux (rappel)

Observez et répétez

Pour passer le permis de conduire, il faut :
   s'adresser à une « auto-école » (dans la
   ville où on se trouve),
   s'inscrire plusieurs mois à l'avance,
   se présenter à l'examen
   et... il ne faut pas s'énerver !

Transposez

→ Pour passer le permis de conduire,
   vous devez vous adresser à...
   ...

→ Pour passer le permis de conduire,
   adressez-vous à...
   ...

oublier..., oublier de faire quelque chose ; penser à..., penser à faire quelque chose

Observez et répétez

Vous partez en voyage ? Alors... prenez bien votre valise,
    vos papiers (carte d'identité ou passeport),
    votre argent,
    votre billet.

Vous partez en voyage ? Alors...
    donnez votre adresse à des amis,
    prenez une assurance,
    faites examiner votre voiture,
    faites vérifier vos freins,
    faites expédier votre courrier.

Transposez

→ Vous partez en voyage ? Alors... pensez à votre valise,
  ...

→ Vous partez en voyage ?
N'oubliez pas votre valise,
  ...

→ Vous partez en voyage ? Alors... pensez à donner votre adresse à des amis...
  ...

→ N'oubliez pas de donner votre...
  ...

Lexique : *arriver*

Observez et répétez

— Le train part à quelle heure ?
— À 6 h 14.
— Et il arrive à quelle heure ?
— Il arrive à 20 h 30.

Faites la même chose avec

Départ	7 h 15	8 h 18	9 h 22
Arrivée	21 h 32	16 h 25	18 h 45

Observez et répétez

— Didier ne vient pas.
— Pourquoi ? Qu'est-ce qui lui arrive ?
— Il est *malade*.

Remplacez

malade → fatigué, en retard

tomber

Observez et répétez

Attention, Pierre... tu vas tomber !
Faites examiner votre voiture régulièrement, sinon vous pouvez tomber en panne.
Faites-vous examiner régulièrement, vous ne tomberez pas malade.

2

prêt à...

Observez et répétez

Didier aime beaucoup sortir, voir des copains, faire des promenades, voyager, se distraire... Mais il n'aime pas travailler !

Transposez

→ Didier est toujours prêt à...
  ...
... mais il n'est pas souvent prêt à...

aider quelqu'un à...

Observez et répétez

Monsieur Aubert à sa fille : Écoute, je veux bien t'acheter une voiture. Mais est-ce que tu es capable
de conduire dans Paris,
de te garer,
de rentrer la voiture au garage,
de changer une roue*?

Transposez

→ Écoute, je veux bien t'acheter une voiture. Mais je ne serai pas toujours là pour t'aider à...

lui, leur (rappel)

Observez et répétez

Je suis allé dans une agence de voyages,
on m'a montré des catalogues,
on m'a proposé plusieurs voyages,
on m'a indiqué les prix,
mais les dates ne me conviennent pas...
Alors je vais rester chez moi. Ça me permettra de me reposer.

Remplacez

je → Marie, Michel, les Laurel

penser à quelqu'un → penser à lui, à elle, à eux, à elles

Observez et répétez

— J'ai invité Roland à dîner.
— Et *Martine,* tu as pensé à elle ?
— Bien sûr, je l'ai invitée aussi.

Remplacez

Martine → Roger, ses parents, Béatrice, son frère*

penser à... → y penser

Observez et répétez

— Bon, je crois que je suis prêt à partir !
— Et vos *papiers,* vous y avez pensé ?

Remplacez

papiers → passeport, carte d'identité

Observez et répétez

BUREAU INFORMATIONS
9 h - 12 h — 14 h - 19 h

Si vous avez besoin d'un renseignement, le bureau « Informations » est ouvert de 9 h à 12 h et de 14 h à 19 h. Vous pouvez vous y adresser.

Faites la même chose avec

AGENCE DE VOYAGES
Tous les jours
de 10 h à 18 h

→ Si vous...

y : noms de lieu

Observez et répétez

— Elle est *en Bretagne* ?
  — Non, elle n'y est pas en ce moment, mais elle y va à Noël*, elle y retourne à Pâques* ; elle y passe toutes ses vacances.

Remplacez

en Bretagne → à la mer, chez ses parents

chacun des... ; chacune des...

Observez et répétez

Cet hôtel a 80 chambres, chaque chambre a une salle de bains.
Dans ce cinéma, il y a trois salles ; chaque salle a 100 places.

Il possède deux usines ; chaque usine emploie environ 200 ouvriers.
Dans ces usines, chaque ouvrier reçoit deux mois de salaire à la fin de l'année.

Transposez

Chaque chambre de cet hôtel a une salle de bains. → Chacune de ces chambres...
...

3

où

Observez et répétez

C'est l'entreprise où Monsieur Barret travaille.

Faites la même chose avec

restaurant, déjeuner souvent ;
magasin, acheter des légumes ;
immeuble, habiter ;
place, se garer.

Observez et répétez

« Malte est un pays où il fait très chaud et très sec. »

Construisez des phrases avec où à partir du texte de la leçon « Malte »

que (rappel)

Observez et répétez

— Vous connaissez l'*anglais** ?
  — Oui, c'est une langue que je connais bien. C'est même celle que je parle le mieux.

Remplacez

anglais → allemand*, espagnol*, arabe*, italien*, russe*

que / où

Observez et répétez

Michel a beaucoup d'amis à Londres.
Marie a de la famille à Rome.
Claudine aime beaucoup Madrid.
Hélène passe plusieurs mois par an à Bagdad.
Patrick pense qu'il y a beaucoup de choses à voir à Moscou.
Olivier connaît très bien Berlin.

À partir de ces informations, construisez des dialogues sur le modèle

Une personne : Vous connaissez Londres ?
Michel : Oui, c'est une ville où j'ai beaucoup d'amis.
Une personne : Vous connaissez Rome ?
Marie : Oui,...

en

Observez et répétez

— *Vous* avez bien profité de vos vacances ?
— Oui, cette année, j'en ai bien profité.

Observez et répétez

Madame Lebrun :

Son mari travaille à la *Banque* nationale, sa fille travaille à l'agence Tour-Club, son fils travaille à la société Impex ; ils déjeunent tous dans un restaurant : « le Coq gourmand ».

Remplacez

> vous → Pierre, Marie, les Aubry

Complétez. À partir des informations données, faites d'autres dialogues

Une personne : Vous connaissez la Banque nationale ?
Madame Lebrun : Oui, je ... connais très bien, mon mari ... travaille.
Une personne : On ... parle beaucoup en ce moment, on ... dit beaucoup de bien !

sans + infinitif (rappel)

Observez et répétez

Quand on reçoit des amis, on est quelquefois fatigué.
Pour réussir une recette, on s'énerve.
Quand on achète, on gaspille souvent.
Pour passer de bonnes vacances, on quitte toujours Paris.
Quand on choisit un livre ou un disque, on hésite souvent.

Transposez

Cette semaine, *Elle* [1] vous aide à résoudre tous vos problèmes et vous dit :
— comment recevoir des amis sans être fatigué ;
— comment...

(1) Magazine féminin.

connu pour...

Observez et répétez

Jean-Paul Mercier est très connu :
  il a fait des émissions de télévision,
  il a fait des émissions de radio,
  il a fait un très bon film,
  il a publié un livre qui a eu du succès.

Transposez

Jean-Paul Mercier est connu pour ses émissions...
...

4

où ; d'où

Vols	Départ Paris	Arrivée		Départ		Arrivée		Départ	
A. V. 695	11 h 30	Rome	13 h	Rome	13 h 30	Téhéran	21 h 20	Téhéran	21 h 50
A. V. 715	9 h	Londres	9 h 55	Londres	10 h 10	Dublin	11 h 10	Dublin	11 h 25
A. V. 381	10 h	Nice	11 h 30	Nice	12 h	Alger	13 h 10	Alger	13 h 40
A. V. 519	17 h 25	Lyon	18 h 25	Lyon	18 h 50	Athènes	22 h 10	Athènes	22 h 50

Faites des phrases à partir des renseignements du tableau

Le vol A. V. 695 quitte Paris à 11 h 30 pour Rome où il arrive à 13 h et d'où il repart à 13 h 30 pour Téhéran.

Faites des dialogues sur le modèle

— On sera à Rome à quelle heure ?
— On y sera à 13 h.

— Et on en repartira à quelle heure ?
— À 13 h 30.

celle qui... (rappel)

Observez et répétez

Air-Voyages est une compagnie
    qui va dans tous les coins du monde,
    qui possède des avions sûrs et confortables,
    qui propose des menus variés,
    qui a plusieurs vols chaque jour pour toutes les grandes villes du monde.

Faites une publicité

« Prenez Air-Voyages, c'est la meilleure des compagnies :
    celle qui... »

circuler en..., par...

LES DIFFÉRENTS MOYENS DE TRANSPORT

On circule		
en train, par le train	:	65,4 %
en métro, par le métro	:	10,9 %
en autobus ou en autocar	:	20,3 %
en avion, par avion	:	3,4 %

Faites des phrases sur le modèle

65,4 % des voyageurs prennent le train, circulent en train, circulent par le train.

Lexique

Les passagers, le conducteur, le pilote* (décoller*, atterrir)

Un train peut transporter 850 passagers en moyenne. — Dans une voiture de métro, il y a 200 passagers à certaines heures ! — Un Airbus peut transporter 345 passagers. — Un taxi* parisien ne prend pas plus de 3 passagers. — Celui qui conduit un autobus ou un métro est un conducteur, mais celui qui fait décoller ou atterrir un avion est un pilote.

Les classes : la 1re classe (en première), la 2e classe (en seconde)

Les classes : la 1re classe (en première), la 2e classe (en seconde)

Si vous prenez le métro, vous pouvez acheter un ticket* de 2e classe ou un ticket de 1re classe qui coûte plus cher, mais, dans un wagon de 1re classe, il y a moins de monde. — Si vous prenez le train, vous pouvez aussi choisir entre la 1re et la 2e classe. — Si vous voyagez en première, c'est plus confortable mais beaucoup plus cher qu'en seconde. — En avion également, il y a deux classes : la 1re classe et la classe économique ou classe touriste.

Quotidien, hebdomadaire*, mensuel

Un quotidien est un journal qui sort tous les jours. — Les hebdomadaires sortent toutes les semaines. — Un magazine mensuel sort tous les mois.

Chaque jour : quotidien ; chaque semaine : hebdomadaire ; chaque mois : mensuel.

Synthèse

Verbes

inscrire, connaître

	Présent		Passé composé				Futur	
J(e)	inscris	connais	ai	inscrit	ai	connu	inscrirai	connaîtrai
Tu	inscris	connais	as	inscrit	as	connu	inscriras	connaîtras
Il } Elle }	inscrit	connaît	a	inscrit	a	connu	inscrira	connaîtra
Nous	inscrivons	connaissons	avons	inscrit	avons	connu	inscrirons	connaîtrons
Vous	inscrivez	connaissez	avez	inscrit	avez	connu	inscrirez	connaîtrez
Ils } Elles }	inscrivent	connaissent	ont	inscrit	ont	connu	inscriront	connaîtront

convenir, résoudre

Présent : Il convient / résout   **Passé composé :** Il a convenu / résolu   **Futur :** Il conviendra / résoudra

Pronoms

Verbes + préposition + *à* (noms de personnes)

masculin et féminin singulier : **lui** ;   masculin et féminin pluriel : **leur**

Mais pour les verbes pronominaux et le verbe *penser à :*

masculin singulier :	L'employé est là.	Il faut vous adresser **à lui.**
féminin singulier :	L'employée est là.	**à elle.**
masculin pluriel :	Les employés sont là.	**à eux.**
féminin pluriel :	Les employées sont là.	**à elles.**

Noms de lieu

y : — Elle va souvent dans le Sud ? — Oui, elle **y** passe toutes ses vacances.
en : L'avion arrive à Marseille à 9 h ; il **en** repart à 9 h 30.
où : — Vous connaissez Nice ? — Très bien. C'est une ville **où** je vais souvent.

Test

Employez le pronom qui convient.

1. Paul voudrait aller te voir. Tu peux... *(indiquer)* ton adresse ?
2. Je n'ai pas reçu mon salaire. Tu peux... *(prêter)* un peu d'argent ?
3. Monsieur, il y a une personne qui veut vous voir. Est-ce que vous... *(recevoir)* aujourd'hui ?
4. Je voudrais un renseignement. — Voilà la secrétaire, *(s'adresser)*... .
5. La route de Nice, s'il vous plaît ? — Attendez, je vais... *(montrer)*.
6. Patrick n'est pas là ? — Non, il est malade, je vais... *(téléphoner)* ce matin.
7. Les horaires de train, s'il vous plaît ? — Il y a un employé au guichet, il faut... *(s'adresser)*... .
8. Le directeur est là ? — Oui, je vais... *(demander)* de vous recevoir.

Complétez les phrases avec *où, que, qui, y*.

1. L'Italie, c'est le pays... je connais le mieux : j'... passe toutes mes vacances. — **2.** C'est un restaurant... n'est pas cher, j'... emmène souvent Marie. — **3.** C'est un restaurant... je mange souvent. — **4.** Il faut retourner à l'endroit... vous avez déposé votre valise. — **5.** Je voudrais aller dans un pays... il y a beaucoup de choses à voir. — **6.** Tu connais cet hôtel ? On m'a dit qu'on... mange très bien. — **7.** Vous viendrez demain à l'endroit... je vous ai indiqué ? — **8.** Vous connaissez Marseille ? — Oui, c'est une ville... j'ai travaillé pendant deux ans.

Documents complémentaires

Voyages

Une nouvelle compagnie aérienne propose des billets Londres-New York à 400 francs.

Il n'y aura plus d'hôtesses, plus de repas servis à bord, plus de journaux. Mais il paraît que la compagnie gardera quand même ... les pilotes

---

Toutes les agences de voyage vous donneront des catalogues.

Nous, nous vous donnerons aussi des conseils

EURO-VOYAGES

Prenez vos vacances en dépensant moins

Avec TOURING-HOTEL, chacun pourra résoudre ses problèmes.

En vous adressant à TOURING-HOTEL, vous éviterez :

— les locations, qu'il faut chercher longtemps à l'avance,
— l'hôtel, très cher quand on est plus de deux,
— la maison secondaire, où on n'habite que très peu de temps.

Et vous aurez chaque année :

— un appartement que vous avez choisi,
— pour la date que vous avez choisie.

Vous pourrez en profiter mais...

— Si, à ce moment-là, vous avez envie d'aller ailleurs, vous pourrez le louer, le prêter à des amis ou le vendre...

Dossier IX

1

Passé composé : *être, avoir*

Observez et répétez

Il y a eu un grave accident hier à la sortie de Paris, près du pont de Sèvres. Une voiture est rentrée dans un arbre : deux des passagers de la voiture sont morts dans l'accident.

> il y a eu ... → AVOIR
> ... sont morts, ... est rentrée → ÊTRE

Observez et répétez

Philippe Aubry : Jeudi dernier, à 9 heures, j'ai pris l'avion pour Beyrouth. Je suis allé à Roissy. Pour être à l'heure, je suis parti de la maison à 7 heures. Dans l'avion, je me suis installé à l'avant*. On est parti à 9 heures juste. L'avion s'est arrêté à Athènes à cause d'un ennui de moteur. On est resté 3 heures dans l'aéroport. On est reparti à 16 h 30 et on est arrivé à Beyrouth à 18 heures.

Transposez

→ Jeudi dernier, à 9 heures, Philippe Aubry a pris l'avion. Il...

---- Passé composé ----

- *avoir* + **participe passé** :
  J'ai pris... Il a eu... Ils ont acheté...

- mais *être* + **participe passé** avec :

aller	rentrer	partir	arriver
venir	sortir	rester	tomber
s'installer	s'arrêter	s'occuper de...
se mettre à...	se reposer	s'adresser à
s'énerver	se garer	*etc.*

Complétez les phrases en mettant le verbe au passé composé

Les Aubry *(passer)* le week-end en Bretagne. Ils *(rentrer)* lundi après-midi. Ils *(partir)* de chez eux après le déjeuner. Ils *(rouler)* pendant trois heures. Pierre *(se mettre)* à pleurer*. Philippe *(s'énerver)*. Hélène *(proposer)* de s'arrêter un moment. Ils *(marcher)* au bord de la route. Quand *(repartir)*, Pierre *(jouer)* avec ses petites voitures et tout s'est bien passé jusqu'à Paris !

en... un ; en... plusieurs

Observez et répétez

VOUS CHERCHEZ UN APPARTEMENT ?	L'agence Paga en a plusieurs à vous proposer. Venez nous voir ! Vous en trouverez certainement un qui vous convient.

Observez et répétez

— Vous connaissez combien de langues ?
— J'en connais deux.

Observez

Exportations françaises (Renault)	
Année	Nombre de voitures
1974	830 000
1975	840 000
1976	940 000
1977	1 000 000

Répondez aux questions

Vous avez combien d'enfants ? (quatre)
Vous prenez combien de morceaux de sucre ? (un seul)
Vous avez visité combien d'appartements ? (plus de vingt)
Vous fumez combien de cigarettes* chaque jour ? (sept ou huit)
Vous prenez combien de jours de congé ? (vingt-quatre)

À partir du tableau, imaginez les questions et les réponses en utilisant en

Le directeur des ventes : Vous avez exporté combien de voitures en 1974 ?
Le journaliste : En 1974, nous...

savoir quel... / quels..., quelle... / quelles...

Observez et répétez

Quand on veut partir en vacances il faut choisir
    un pays,
    une région,
    un hôtel,
    une date,
    un moyen de transport,
il faut prendre des bagages,
           des papiers
           et certaines précautions.

Transposez

Si vous ne savez pas quel pays choisir
            ...
            quels bagages ...
            ...
Adressez-vous à l'Agence Paga. Elle vous le dira !

2

en... beaucoup, en... assez

1. Dialogue avec un petit agriculteur

— Votre *blé* est beau. Vous en récoltez beaucoup ?
    — Beaucoup... non !
— Vous en vendez ?
    — Non, je n'en produis pas assez pour en vendre. J'en garde la plus grosse partie pour moi.

Remplacez

blé → pommes de terre

2. Au marché

— Et pour vous ce sera ?
— *Des tomates*, s'il vous plaît.
— Vous en voulez combien ?
— J'en voudrais une livre.

Remplacez

| des tomates → des pommes (1 kg) |
| des haricots verts (1 livre) |
| ... |

à qui...

Observez et répétez

L'agence Paga à votre service.

Il y a toujours chez nous une personne qui vous aidera.
    Vous pourrez vous adresser à elle.
    Vous pourrez lui téléphoner.
    Vous pourrez lui demander des renseignements.
    Vous pourrez lui demander conseil.

Transposez

Agence Paga

→ Il y aura toujours chez nous une personne à qui vous pourrez vous adresser.
...

augmenter de..., diminuer de..., baisser de...

Observez

Producteurs de	Augmentation ou baisse de revenu* (en %)			
	1971	1972	1973	1974
Fruits	+ 6,5	+ 15,9	+ 0,5	− 35,9
Bœuf	+ 9,6	+ 13,6	− 3,3	+ 7,1
Lait	+ 12,6	+ 20,1	− 2,6	+ 6,3
Porc	+ 2,8	+ 12,7	+ 24,9	− 26,2
Poulets	+ 3,2	+ 8,2	+ 6,5	+ 9,6

À partir des chiffres de ce tableau, faites des phrases en utilisant : augmenter de..., diminuer de..., baisser de...

En 1974, le revenu des producteurs de fruits a diminué de 35,9 % par rapport à 1973.
...

3

en... trop

Enquête sur les programmes de télévision

Dans ses programmes hebdomadaires, la télévision propose :

    des films,   des informations régionales,
    des émissions pour enfants,   des interviews de personnes connues.

Interrogez 20 téléspectateurs : Pensez-vous qu'il y a trop de films à la télévision ?
        assez de films ?
        qu'il n'y a pas assez de films ?

Mettez une croix dans le tableau suivant pour chaque réponse obtenue.

	Films	Émissions pour enfants	Informations régionales	Interviews
Trop				
Assez				
Pas assez				

Faites maintenant le compte rendu comme dans l'exemple suivant : Films : sur 20 téléspectateurs interrogés, ... pensent qu'il y en a trop.

à qui... (rappel)

Observez et répétez

— Je me suis adressé à un employé, mais il n'a pas pu me renseigner.

— J'ai vendu ma voiture à une amie, mais elle ne m'a pas payé.

— J'ai promis ce livre à un ami, mais il est en voyage en ce moment.

— J'ai proposé ce billet de théâtre à plusieurs personnes, mais elles n'ont pas voulu l'acheter.

Transposez

→ L'employé à qui je me suis adressé n'a pas pu me renseigner.

→ ...

aucun, aucune

Observez et répétez

D'habitude, quand elle part elle prend toujours
    beaucoup de bagages,
    plusieurs valises,
    tous ses papiers,
    une assurance,
    des livres
et elle donne une adresse pour son courrier.

Transposez

Mais la semaine dernière, quand elle est partie,
→ elle n'a pas pris de bagages
    ...
→ elle n'a pris aucun bagage
    aucun...
→ elle est partie sans prendre de bagages
    sans...
→ elle est partie sans aucun bagage
    sans...

encore, toujours, continuer à... / ne... plus...

Observez et répétez

— Ils fabriquent $\begin{Bmatrix} encore \\ toujours \end{Bmatrix}$ des 2CV ?

1. — Oui, ils en fabriquent toujours.
   — Oui, ils en fabriquent encore.
   — Oui, ils continuent à en fabriquer.

2. — Mais non ! Ils n'en fabriquent plus.

Choisissez une réponse (oui ou non)

— Elle vend toujours des appartements ?
— Ils vont toujours en Bretagne pendant leurs vacances ?
— Ils habitent toujours à Lyon ?
— Elle utilise toujours sa voiture ?
— Elle emmène toujours son fils à l'école ?

4

en... quelques-uns, en... quelques-unes

Observez et répétez

— Vous connaissez *toutes les provinces** *françaises ?*
   — Toutes... non, mais j'en connais quelques-unes.

Remplacez

toutes les provinces françaises
→ tous les bons restaurants
toutes les bonnes adresses
tous les grands magasins
toutes les salles de cinéma

Attention

EN... QUELQUES-UN / EN... UN PEU

— Vous avez eu des pommes cette année ? — Oui, on en a eu quelques-unes.
— Et du raisin ? — Oui, on en a eu un peu aussi.

---

dont

Observez et répétez

— C'est une journaliste très connue. On parle beaucoup d'elle.
— C'est un livre qui se vend bien. Tout le monde en parle.
— C'est une Française. Ses parents vivent en Italie.

→ C'est une journaliste dont on parle beaucoup.
→ C'est un livre dont tout le monde parle.
→ C'est une Française dont les parents vivent en Italie.

PARLER [DE] < On parle de lui. / On parle d'elle. / On en parle.

C'est { un journaliste / un livre } [DONT] on parle

Observez et répétez

L'Agence Pradal, une agence sérieuse :
   tout le monde en parle,
   tout le monde en dit du bien.
Vous en aurez sans doute besoin,
   et vous en serez content.

Transposez

→ L'Agence Pradal, une agence sérieuse, dont tout le monde parle,
   ...

Observez

Pourcentage des femmes qui travaillent avec un enfant de		
0 à 2 ans	3 à 6 ans	7 à 15 ans
27 %	31 %	32 %

Faites des phrases à partir du tableau

27 % des femmes dont un enfant a de 0 à 2 ans travaillent.
...

Synthèse

Verbes

	PRÉSENT	PASSÉ COMPOSÉ	FUTUR
savoir	Je sais Tu sais Il Elle } sait Nous savons Vous savez Ils Elles } savent	J' ai su Tu as su Il Elle } a su Nous avons su Vous avez su Ils Elles } ont su	Je saurai Tu sauras Il Elle } saura Nous saurons Vous saurez Ils Elles } sauront

	PRÉSENT	PASSÉ COMPOSÉ	FUTUR
promettre	Je promets Tu promets Il Elle } promet Nous promettons Vous promettez Ils Elles } promettent	J' ai promis Tu as promis Il Elle } a promis Nous avons promis Vous avez promis Ils Elles } ont promis	Je promettrai Tu promettras Il Elle } promettra Nous promettrons Vous promettrez Ils Elles } promettront

	PRÉSENT	PASSÉ COMPOSÉ	FUTUR
se plaindre	Je me plains Tu te plains Il Elle } se plaint Nous nous plaignons Vous vous plaignez Ils Elles } se plaignent	Je me suis plaint Tu t' es plaint(e) Il Elle } s' est plaint(e) Nous nous sommes plaint(e)s Vous vous êtes plaint(e)s Ils Elles } se sont plaint(e)s	Je me plaindrai Tu te plaindras Il Elle } se plaindra Nous nous plaindrons Vous vous plaindrez Ils Elles } se plaindront

mourir	PASSÉ COMPOSÉ	Il est mort Elle est morte Ils sont morts Elles sont mortes	FUTUR Je mourrai ... Il (elle) mourra Ils (elles) mourront

Les relatifs

qui : C'est le garage **qui** se trouve près de chez moi.

que : Je ne connais pas le livre **que** vous avez publié.

dont : C'est la personne **dont** je vous ai parlé.
On demande la personne **dont** la voiture est garée devant la porte du magasin.

à qui : Je connais bien le médecin **à qui** il s'est adressé.
(pour les noms de personnes seulement).

ou, d'où : Dans la région **où** j'habite il n'y a pas beaucoup d'usines.
(lieu)   Dans la région **d'où** je viens, il n'y a pas beaucoup d'usines.

77

en ... beaucoup

— Vous avez... ? — Oui, j'ai beaucoup de ...   → J'en ai beaucoup.
un peu de ...   un peu.
trop de ...   trop.
assez de ...   assez.
quelques ...   quelques-uns (unes).
plusieurs ...   plusieurs.
mille ...   mille.

Test

Complétez en employant des relatifs.

1. C'est une étudiante ... travaille avec moi. — **2.** Je n'aime pas beaucoup la voiture ... tu as choisie. — **3.** Je cherche l'étudiante ... j'ai prêté de l'argent. — **4.** La maison ... Paul habite est très belle. — **5.** Tu peux me rendre l'argent ... je t'ai prêté ? — **6.** Toutes les personnes ... j'ai montré ces photos les ont beaucoup aimées. — **7.** C'est un pays ... j'ai beaucoup d'amis. — **8.** C'est une jeune femme ... Hélène a rendu beaucoup de services. — **9.** C'est une ville ... j'oublie toujours le nom. — **10.** Ils n'ont pas les livres ... je leur ai demandés.

Répondez aux questions posées par une phrase complète en utilisant *en ... un ...*

1. Vous connaissez plusieurs langues ?
2. Vous avez une voiture ?
3. Vous pouvez me prêter quelques livres ?
4. Vous prendrez un peu de poisson ?
5. Vous avez assez d'argent ?
6. Ils vendent beaucoup de légumes ?

Utilisez le pronom qui convient.

Olivier aime beaucoup les Renault. Il ... l'été dernier. *(acheter une Renault.)*
On ne m'a pas rendu mes papiers. Je vais ... *(réclamer mes papiers).*
Le gouvernement a promis une aide aux agriculteurs. Il ... dans dix jours. *(verser une partie.)*
J'aime beaucoup les arbres. Je ... quand j'habiterai la campagne. *(planter quelques arbres.)*
J'ai besoin d'argent, mais je peux ... à Patrick. *(emprunter de l'argent.)*

Documents complémentaires

Opération* sourire

Les 14 et 15 août, 6 millions d'habitants des villes rencontreront 7 000 jeunes agriculteurs. Trente départements du Midi, de l'Est, du Massif Central, de l'Ouest et du Sud-Ouest proposeront des produits régionaux* aux touristes : vins, légumes, fruits, fromages...

Cette rencontre permettra aux touristes de trouver des produits de qualité qui viennent directement de la campagne, mais elle permettra surtout aux agriculteurs de se faire mieux connaître.

« On oublie souvent que les agriculteurs nourrissent* la population... »
« On nous présente comme des gens qui se plaignent toujours. »
« Nous voulons montrer que ce n'est pas vrai... »

Les producteurs de lait : une situation difficile.

La sécheresse* de cette année a mis les producteurs de lait dans une situation difficile. Si la pluie ne tombe pas avant le 15 août, la production de lait risque de diminuer encore car on aura du mal à trouver assez d'aliments pour les vaches*... et les revenus des producteurs continueront à baisser.

Agriculture : une bonne année ?

Après un printemps très pluvieux*, la France a connu l'été le plus froid depuis soixante ans.

Pourtant, « après trois années difficiles où la production a souvent diminué, on connaîtra cette année un retour à la normale » a dit le Président de la République, après une réunion de travail avec les responsables de l'agriculture et les représentants des quatre grands syndicats paysans.

Dans l'ensemble, donc, l'année sera bonne : la production a augmenté de 4 %, et le revenu des agriculteurs de 3 à 4 %. On peut donc être optimiste. Pourtant, les difficultés ne manquent pas.

Si les pays méditerranéens entrent comme prévu dans le Marché commun, cela risque de causer beaucoup de tort aux agriculteurs du Midi, dont la situation est déjà très difficile.

Bien sûr, 45 milliards de produits agricoles seront vendus hors de France. Mais la balance du commerce extérieur sera tout juste équilibrée*.

D'autre part, 14 milliards seront prêtés aux agriculteurs (avec un intérêt très bas : le Crédit agricole prête à 4,5 % sur 20 ou 30 ans) mais le prix des terres continue à augmenter et beaucoup de jeunes agriculteurs ne réussissent pas à en acheter.

Dossier X

1

Imparfait

Observez

QUELQUES PRIX (en francs)

	en 1968	cette année
le ticket de métro (2ᵉ cl.)	0,60	1,20
un journal	0,40	1,80
un billet de train (2ᵉ cl.)	0,11 le km	0,18 le km
une Citroën 2 CV	6 000	14 000

Faites quelques phrases à partir du tableau

En 1968, le ticket de métro coûtait 0,60 F ; cette année, il coûte 1,20 F.
...

Observez

L'AUGMENTATION DES SALAIRES

	1971	actuellement
cadres* supérieurs	60 200	102 600
cadres moyens	28 700	50 900
employés	15 300	29 200
ouvriers	14 100	27 100

Faites quelques phrases à partir du tableau

En 1971, un cadre supérieur gagnait 60 200 F par an ; actuellement, il gagne 102 600 F.

Observez et répétez

BUDGET : QUI DÉCIDE ?

Aujourd'hui, le mari et la femme s'occupent tous les deux du budget :
ils font les gros achats,
ils choisissent la voiture,
ils déclarent* leurs revenus,
ils payent leurs impôts,
ils remplissent les papiers ensemble.

Observez et répétez

— Vous prenez le métro pour aller travailler ?
— Non, je le prenais l'an dernier (je ne conduisais pas encore). Mais cette année, je prends la voiture.

Transposez

Mais il y a quelques années, c'est souvent le mari qui s'occupait seul du budget :
→ c'est lui qui...

Attention

il choisit /	il choisissait
il remplit /	il remplissait
il fait /	il faisait

Apprenez

Je	prenais	Je	conduisais
Tu	prenais	Tu	conduisais
Il		Il	
Elle }	prenait	Elle }	conduisait
On }		On }	
Nous	prenions	Nous	conduisions
Vous	preniez	Vous	conduisiez
Ils }	prenaient	Ils }	conduisaient
Elles }		Elles }	

L'achat d'un appartement

Observez

● Il faut avoir 20 % du prix de l'appartement.

● Les remboursements des prêts obtenus ne doivent pas dépasser 30 % du salaire.

Jean AUDIARD :

Prix de l'appartement : 300 000 F
Économies : 120 000 F
Prêt demandé : 180 000 F à 11,5 %
Remboursement : 2 100 F par mois
Salaire mensuel : 5 200 F

Jean Audiard désire acheter un appartement, mais cet appartement coûte 300 000 F et il a seulement 120 000 F d'économies. Il doit donc emprunter 180 000 F à la banque et il devra rembourser 2 100 F par mois, mais il ne gagne que 5 200 F par mois. Les remboursements dépassent donc 30 % de son salaire mensuel. Cet achat est impossible.

Étudiez ces autres exemples

Françoise BAUDET :

Prix de l'appartement : 250 000 F
Économies : 100 000 F
Prêt demandé : 150 000 F à 12 %
Remboursement : 1 440 F par mois
pendant 15 ans.
Salaire mensuel : 4 500 F.

Jacques CHÂTEL :

Prix de l'appartement : 420 000 F
Économies : 200 000 F
Prêt demandé : 220 000 F à 12,75 %
Remboursement : 2 728 F par mois
pendant 15 ans.
Salaire mensuel : 7 800 F.

À la banque

Observez

Un client : Je voudrais acheter un appartement, et je voudrais savoir quelle somme je peux emprunter.

L'employé : L'appartement que vous désirez coûte combien ?

Le client : 300 000 francs.

L'employé : Et vous voudriez emprunter combien ?

Le client : 180 000 francs.

L'employé : 180 000 francs à 11,5 %, ça fait 2 100 francs par mois pendant 15 ans. Vous gagnez combien par mois ?

Le client : 5 200 francs.

L'employé : Alors, c'est impossible. Les remboursements ne doivent pas dépasser 30 % de votre salaire.

À partir des autres exemples, faites des dialogues sur le même modèle

Françoise BAUDET : →...

2

Lexique

Observez et répétez

Dans certains pays, les prix ont augmenté de 10 %.

Si vous achetez cet appartement, vous remboursez 1 000 F par mois.

L'année dernière, nous avons exporté 2 millions de voitures.

À l'heure actuelle, nous produisons 100 000 voitures par mois.

Cette année, la France a consommé 171 milliards de kW/h (kilowatt/heure) d'électricité.

Cette année, les prix augmentent de 1 % chaque mois.

Transposez, en utilisant les noms production, augmentation, exportation, remboursement, consommation.

Cette année, les prix ont augmenté de 10 %.
→ Cette année, l'augmentation des prix a été de 10 %.
→ ...

d'après moi, d'après lui, d'après elle

Observez et répétez

— *Tu* penses qu'Hélène réussira à son examen ?
— Oui, d'après moi, elle réussira !

Remplacez

tu → il, elle, ils, elles, vous.

Observez et répétez

Monique veut partir, mais elle pense que ce n'est pas raisonnable.

Olivier n'est pas content, il pense que son fils ne travaille pas assez.

Philippe va essayer de nous rejoindre, mais je pense que ce sera difficile.

Les syndicats ne sont pas très optimistes, ils pensent que les prix vont augmenter.

Transposez

→ D'après elle, ce n'est pas raisonnable.
→ ...

Lexique

proposer, accepter

Observez et répétez

Éric : Je n'ai pas de chambre !
Robert : Je peux t'en prêter une.
Éric : Non merci, je trouverai une solution.

Michel : Tu sors avec moi ce soir ?
Marie : D'accord ! Qu'est-ce qu'on fait ?
Michel : On pourrait aller au cinéma...
Marie : Oh non, je n'ai pas envie !

Robert à Michel :
Éric n'a pas de chambre, je lui en ai proposé une mais il n'a pas accepté.

Michel à Robert :
J'ai proposé à Marie de sortir ce soir ; elle a accepté mais elle n'avait pas envie d'aller au cinéma.

Sur ce modèle, faites vous-même de petits dialogues et leur commentaire

conseiller à quelqu'un de... ; persuader quelqu'un de...

Observez et répétez

Luce : Je ne sais pas ce que j'ai, ça ne va pas.
Patrick : Tu devrais *sortir plus souvent.*

Patrick à Olivier : Luce n'allait pas bien. Je lui ai conseillé de sortir plus souvent. J'espère que je l'ai persuadée.

Remplacez

sortir plus souvent → voir des amis
                       voyager
                       aller à la campagne

réclamer, obtenir

Observez et répétez

— Qu'est-ce qu'ils veulent ?
  — Ils réclament *une augmentation de salaire.*
— Tu penses qu'ils vont l'obtenir ?
  — Ils auront du mal !

Remplacez

une augmentation de salaire
→ deux jours de congé supplémentaire
  plus de temps pour prendre leur repas
  de meilleures conditions de travail

Imparfait

Enquête sur les dépenses des Français

L'an dernier

achetiez-vous	plus moins autant	... de vêtements	... de livres	... de journaux	que cette année
dépensiez-vous	plus moins autant	... d'argent pour vos repas			
faisiez-vous	plus moins autant	... attention à vos frais de téléphone	... de gaz et d'électricité		
alliez-vous	plus moins aussi	... souvent au cinéma	... au restaurant		
receviez-vous	plus moins aussi	... souvent des amis	faisiez-vous	plus moins autant	... d'économies ... ...
aviez-vous	plus moins autant	... de mal à terminer vos mois			

Posez les questions à une vingtaine de personnes et mettez une croix (x) dans la colonne qui correspond à leur réponse.

Écrivez les résultats de votre enquête

« Sur... personnes interrogées, ...ont dit qu'elles achetaient... vêtements cette année que l'année dernière. »...

Apprenez

acheter		**faire**		**recevoir**		**avoir**	
J'	achetais	Je	faisais	Je	recevais	J'	avais
Tu	achetais	Tu	faisais	Tu	recevais	Tu	avais
Il Elle On	achetait	Il Elle On	faisait	Il Elle On	recevait	Il Elle On	avait
Nous	achetions	Nous	faisions	Nous	recevions	Nous	avions
Vous	achetiez	Vous	faisiez	Vous	receviez	Vous	aviez
Ils Elles	achetaient	Ils Elles	faisaient	Ils Elles	recevaient	Ils Elles	avaient

celui qui..., celui que..., celui dont... (rappel)

Observez et répétez

Vous cherchez un *manteau**? Celui dont vous *avez envie* se trouve certainement dans notre catalogue !

Remplacez

> manteau → robe, jupe, chemise, veste, pull, chemisier
>
> avoir envie → avoir besoin, vouloir, convenir.

déjà, ne pas... encore

Observez et répétez

— Il est déjà parti ?
   — Oui, il est parti il y a une heure.

— Il n'est pas encore parti ?
   — Non, pas encore, mais il va partir dans quelques minutes.

Faites des dialogues semblables en utilisant les verbes rentrer, téléphoner, arriver, venir.

encore, toujours, ne... plus

Observez et répétez

— Vous fabriquez toujours des camions ? (Vous fabriquez encore des camions ?)	— Non, nous en fabriquions il y a quelques années, mais nous n'en fabriquons plus.

Prépositions *à, de, en*

Observez et répétez

> Chez LAURENT, du 3 au 10 janvier,
> DES AFFAIRES !!!
>
> Des vêtements d'une qualité extraordinaire, à des prix extraordinaires !
>
> Des vêtements de laine
> Des vêtements de cuir
> Des chemisiers de coton* unis*,
> à carreaux, à fleurs*...
>
> Quelques exemples de prix :
>
> Une jupe en laine à 80 F.
> Une veste en cuir à 540 F.
> Un chemisier en coton à 30 F.

Décrivez la tenue de ces personnes

Vocabulaire

médical, médicaux

En 1977, les dépenses médicales (les frais médicaux) ont représenté 7 % du produit national. Il y a 3 465 hôpitaux en France, c'est-à-dire 1 hôpital pour 15 290 habitants.

Est-ce que vous gaspillez ?

Choisissez-vous les produits les plus chers en pensant qu'ils sont les meilleurs ?

Achetez-vous des produits à bon marché sans connaître ou vérifier leur qualité ?

Achetez-vous sans comparer le prix dans plusieurs magasins ?

Achetez-vous des médicaments dont vous n'avez pas vraiment besoin ?

Faites-vous un achat (nourriture, matériel) sans calculer la quantité exacte qui vous est nécessaire ?

1. Interrogez 20 personnes de 30 à 40 ans. 2. Répondez aux questions.

1. ... % des personnes interrogées disent...
2. Si vous avez 5 oui, vous gaspillez beaucoup. — Si vous avez 3 ou 4 oui, vous êtes dans une bonne moyenne. — Si vous avez 2 oui, vous êtes très économe. — Si vous avez 1 ou 0 oui, vous êtes peut-être un peu trop économe !

constater

Observez les tableaux

Dossier 10, p. 80 (Quelques prix).
Dossier 9, p. 74 (Augmentation ou baisse du revenu des producteurs).

Faites des phrases en utilisant le verbe constater

— Quand on examine ce tableau, on constate qu'une Citroën 2 CV coûtait...
— Ce tableau permet de constater que...

noter

Observez et répétez

Un conseil : quand vous prenez l'avion, notez bien le nom de la compagnie, le numéro* du vol, l'heure de départ, l'heure d'arrivée.

Observez et répétez

— Vous avez noté l'*heure de départ ?*
— Ah non, j'ai oublié de la noter.

Remplacez

heure de départ → heure d'arrivée,
nom de la compagnie,
numéro de vol

remarquer

Observez et répétez

— Tu as vu la *robe* que Christine portait hier ?
— Ah non, je n'ai pas remarqué.

Remplacez

robe → chemisier, pantalon, veste

représenter

Observez le tableau

« La consommation des familles en France »
(Livre de textes, p. 126).

Faites quelques phrases à partir de ce tableau, en utilisant représenter

En 1974, la nourriture a représenté 25,92 % des dépenses des Français...

Observez

```
─────────────── ENQUÊTE : ÊTES-VOUS OPTIMISTE ? ───────────────
```

● Un appartement, qu'est-ce que cela représente pour vous ?

  a) un endroit où vous dormez   *c)* un loyer à payer
  b) un endroit qu'il faut nettoyer   *d)* un endroit où vous aimez vous trouver

● Un repas chez vous, avec des amis, qu'est-ce que cela représente pour vous ?

  a) de la cuisine à faire   *c)* des frais
  b) une soirée fatigante   *d)* un moment agréable

● Une soirée au cinéma, qu'est-ce que cela représente pour vous ?

  a) un effort pour sortir   *c)* deux places à payer
  b) deux heures de voiture   *d)* un film intéressant

● Un voyage, qu'est-ce que cela représente pour vous ?

  a) des valises à faire   *c)* de l'argent à dépenser
  b) des ennuis de voiture   *d)* un pays et des gens nouveaux

Choisissez une réponse pour chaque question (a, b, c = 0 ; d = 1).

Résultats : 0, vous êtes très très pessimiste ; 1, vous êtes assez pessimiste ; 2, vous êtes dans la moyenne ; 3, vous êtes assez optimiste ; 4, vous êtes très optimiste.

Synthèse

s'apercevoir

PRÉSENT	PASSÉ COMPOSÉ	FUTUR
Je m' aperçois Tu t' aperçois Il Elle } s' aperçoit Nous nous apercevons Vous vous apercevez Ils Elles } s' aperçoivent	Je me suis aperçu(e) Tu t' es aperçu(e) Il Elle } s' est aperçu(e) Nous nous sommes aperçu(e)s Vous vous êtes aperçu(e)s Ils Elles } se sont aperçu(e)s	Je m' apercevrai Tu t' apercevras Il Elle } s' apercevra Nous nous apercevrons Vous vous apercevrez Ils Elles } s' apercevront

L'imparfait

• Verbes comme	**habiter** **travailler** ...	J' habitais Nous habitions Tu habitais Vous habitiez Il }habitait Ils }habitaient Elle Elles
• Verbes comme	Prés. 1ʳᵉ pers. plur. : **choisir** → nous choisissons *grossir, maigrir, ralentir, salir, réussir,* *atterrir, remplir, grandir*	Je choisissais
• Verbes comme	**partir** **attendre** + {être **mettre** {avoir **recevoir** *sortir vendre permettre s'apercevoir* *dormir rendre promettre* *tenir vivre* *obtenir* *venir* *convenir*	Je partais J'étais J'attendais J'avais Je mettais Je recevais
• Verbes comme	Prés. 1ʳᵉ pers. plur. : **conduire** → nous conduisons **boire** buvons **rejoindre** rejoignons **croire** croyons *dire, s'inscrire, faire, se plaindre,* *se distraire*	Je conduisais Je buvais Je rejoignais Je croyais

Test

Mettre les verbes à l'imparfait.

1. Hier, le thermomètre ... quelle température ?   *(indiquer)*
2. Elle ... beaucoup, alors elle est allée voir un médecin.   *(maigrir)*
3. Où est-ce que Michel ... quand tu l'as rencontré ?   *(vivre)*
4. Vous ne ... pas partir ?   *(pouvoir)*
5. Qui est-ce qui ... quand l'accident a eu lieu ?   *(conduire)*
6. Qu'est-ce que vous ... ?   *(dire)*
7. L'année dernière, beaucoup d'agriculteurs ... de la sécheresse   *(se plaindre)*
8. Je ... souvent cette robe l'an dernier mais maintenant je ne la porte plus.   *(mettre)*
9. Qu'est-ce que Paul ... à Nice ?   *(faire)*
10. Où est-ce que tu ... hier soir à 8 heures ?   *(être)*

Document complémentaire

Le niveau de vie des Français s'améliore, c'est vrai !
Malheureusement pas pour tout le monde...

La crise* économique est là. L'indice* des prix de septembre atteint 1,1 %. Le ministre de l'Économie vient de dire que ce chiffre indiquait « un ralentissement de l'inflation ». Pourtant, si cela continue, la hausse des prix atteindra* 15 % cette année. Contre 7,3 % l'année dernière et 6 % l'année d'avant.

Nous sommes allés voir Madame Lucette B..., mariée*, deux enfants, qui, comme beaucoup de Français, se plaint des conditions de vie actuelles* :

« Pour l'alimentation* générale*, j'ai dépensé 437 F en avril et 566 F en septembre : une augmentation de presque 30 %. Un exemple ? Le kilo de sucre est passé de 1,55 F à 2,10 F en quatre mois.

Les charges* de l'appartement, qui étaient de 368 F en avril , atteignent 437 F en septembre ; c'est le chauffage* et l'ascenseur qui ont le plus augmenté.

Avec cette inflation, nous ne pouvons plus mettre d'argent de côté et nous devons même vivre sur nos économies. Et ce n'est pas la fin de la hausse des prix, au contraire*... »

Pourtant les B... vivent normalement, savent organiser leur budget et ne gaspillent pas.

« Nos dépenses-loisirs sont réduites au minimum*, et des milliers de familles vivent comme nous... »

L'« extra* », le « superflu* » sont en effet des choses que des millions de Français ne connaissent pas. Et plus que des données* statistiques cet exemple montre bien que la situation économique des Français n'est pas bonne.

Est-ce que les mesures prises actuellement réussiront à ralentir l'inflation ? Les syndicats ne sont pas optimistes. La plupart* des familles non plus.

Dossier XI

1

Interrogation indirecte

Observez et répétez

Madame Fontaine à Pierre : Tu t'appelles comment ? ... Dis-moi comment tu t'appelles !

Hélène : Eh bien, Pierre ! On te demande comment tu t'appelles.

Faites la même chose avec

Tu as quel âge ?
Tu vas à quelle école ?
Tu joues avec qui ?
Tu rentres à quelle heure ?

Observez et répétez

Si vous voulez obtenir un prêt, on vous demandera votre nom,
votre adresse,
votre lieu de travail,
votre salaire.

Transposez

→ Si vous voulez obtenir un prêt, on vous demandera
comment vous vous appelez,
où...

penser que...

Observez et répétez

— D'après vous, cette entreprise vendra beaucoup de voitures ?
— Oui, je pense qu'elle en vendra beaucoup.

Faites la même chose avec

D'après toi, elle nous parlera de cette affaire ? — D'après vous, on construira d'autres logements, ici ? — D'après vous, les ouvriers pourront suivre leur entreprise ?

penser + infinitif ; penser que...

Observez et répétez

— Vous pensez vendre beaucoup de voitures ?
— Oui, je pense que nous en vendrons beaucoup.

Faites la même chose avec

Les ouvriers pensent pouvoir suivre leur entreprise ? — Les syndicats pensent persuader le directeur ? — Ils pensent obtenir l'augmentation qu'ils demandent ? — Les ouvriers licenciés pensent trouver du travail dans une autre entreprise ?

même quand...

Observez et répétez

Je mange même quand je n'ai pas faim !

Faites la même chose, dans l'ordre qui convient, avec

avoir des ennuis / ne pas se plaindre ;
avoir de l'argent / surveiller ses dépenses ;
continuer à travailler / avoir la grippe.

Informations sur les accidents du travail

ANNÉE	1967	1968	1969	1970	1971	1972	1973
NOMBRE	1 098 783	1 028 325	1 085 483	1 110 173	1 115 245	1 125 734	1 137 480
POURCENTAGE	9,40 %	8,81 %	8,82 %	8,80 %	8,71 %	8,58 %	8,43 %

2

Interrogation indirecte avec *si*

Observez et répétez

> Le directeur de l'usine Royal a reçu ce matin des responsables syndicaux. Plusieurs questions devaient être posées :
> — Est-ce que la direction acceptera d'augmenter les salaires ?
> — Est-ce que les logements promis seront construits ?
> — Est-ce que les conditions de travail seront meilleures ?
> — Est-ce que les ouvriers licenciés retrouveront leur emploi ?

Transposez

→ On ne sait pas encore si la direction acceptera d'augmenter les salaires, ...

Observez et répétez

— Paul *acceptera,* vous croyez ?
— Ça, je ne sais pas s'il acceptera.
— Moi, je pense qu'il acceptera.

Remplacez

> accepter → répondre, être d'accord, réussir, être à l'heure

ne... *personne* ; *personne*... *ne*...

Observez et répétez

Michèle est seule à Paris :
    elle ne connaît personne,
    elle ne reçoit personne,
    elle ne parle à personne,
    elle ne sort avec personne.

Transposez

Michèle est seule à Paris :
→ Personne ne la connaît,
  ...

Observez et répétez

— *Philippe* est à la maison ?
— Non, il n'y a personne à la maison.

Remplacez

> Philippe → Hélène

ne... jamais

Observez et répétez

— Vous rencontrez *Philippe* quelquefois ?
— Non, je ne le rencontre jamais.

Remplacez

Philippe → Michel, Hélène, les Aubry, Marie, les Leriche

Observez et répétez

— Tu vas quelquefois *au cinéma ?*
— Au cinéma ? Je n'y vais jamais !

Remplacez

au cinéma → à la campagne, à la mer, dans le Midi, à l'étranger

Observez et répétez

— Je ne suis jamais allé *en Italie !* Et vous ?
— Moi, j'y suis allé deux fois* !
— Vous êtes déjà allé en Italie ?
— En Italie, non, je n'y suis jamais allé.

Remplacez

en Italie → en Espagne	au Portugal
en Angleterre	au Maroc
en Allemagne	au Brésil
en Irak	aux États-Unis

le même, la même, les mêmes

Observez et répétez

Elle ne change pas souvent de vêtements. Elle porte toujours :
un chemisier, un pull, une jupe, une veste, des chaussures* marron*, ...

Transposez

→ ... Et c'est toujours le même chemisier, ...

Lexique : *atteindre*

Observez et répétez

Le Mont-Blanc atteint 4 807 mètres. — L'Himalaya atteint 8 603 mètres. — Aujourd'hui, la température a atteint 30⁰. — Au mois d'octobre, la hausse des prix a atteint 0,9 %. — L'avion atteindra Paris dans 2 heures.

3

Interrogation indirecte avec *ce qui, ce que*

Observez et répétez

— Pierre, qu'est-ce que tu fais ?
— ...
— Pierre, je te demande ce que tu fais, réponds-moi.

Faites la même chose avec

Qu'est-ce que tu regardes ? Qu'est-ce que tu cherches ? Qu'est-ce que tu prends ? Qu'est-ce que tu veux manger ? Qu'est-ce que tu préfères ?

Observez et répétez

On ne sait pas encore ce que le gouvernement
a proposé.
On ne sait pas encore ce qui a été proposé
par le gouvernement.

**Construisez des phrases identiques
en employant** ce qui, ce que

{ ouvriers { syndicats { agriculteurs
{ obtenir { proposer { réclamer

{ gouvernement { responsables
{ promettre { décider

s'occuper de... ; s'habituer à... ; s'intéresser à...

Observez et répétez

— Il s'est occupé de cette *affaire* ?
— Oui, il s'en est occupé lui-même !

Remplacez

> affaire → problème

Observez et répétez

— *Vous* vous êtes intéressé à cette *affaire* ?
— Oui, je m'y suis beaucoup intéressé.

Remplacez

> affaire → problème, réforme, expérience
> vous → il, ils, elle, elles

Observez et répétez

— Elle s'est habituée à sa nouvelle *vie* ?
— Oui, elle s'y est habituée très vite !

Remplacez

> vie → maison, travail, voiture, logement

faire + infinitif ; moi-même, lui-même

Enquête

> Monsieur, vous êtes seul chez vous...
> — Est-ce que vous préparez vos repas
> vous-même ?
> — Est-ce que vous les faites préparer par
> quelqu'un ?

Complétez l'enquête en utilisant :

faire les courses, repasser vos pantalons,
laver vos chemises, faire le ménage*.

Tranposez

Madame, quand votre mari est seul,
→ est-ce qu'il prépare ...?

prendre des mesures contre...

Observez et répétez

> Il y a encore trop d'accidents du travail.
> → Il faut prendre des mesures contre les accidents du travail.

Faites le même commentaire à propos des phrases suivantes, en utilisant : consommation,
excès, hausse, inflation, dépenses.

Les Français consomment trop de médicaments. — Les Français conduisent beaucoup trop vite. —
Les loyers augmentent chaque année. — Les prix augmentent trop rapidement. — Les Français
dépensent de plus en plus d'électricité.

Information

Commentez ces chiffres avec des exemples

LA DURÉE DU TRAVAIL EN FRANCE

Les lois	*Pourtant, aujourd'hui, travaillent*
jusqu'en 1848 : 14 à 16 h par jour	moins de 40 h : 1,6 % des ouvriers
mars 1848 : 10 h à Paris, 11 h en province	de 41 à 44 h : 22,1 % —
	de 45 à 47 h : 32,8 % —
septembre 1849 : 12 h par jour	48 h : 18,1 % —
1892 : 10 h par jour	de 49 à 52 h : 9,5 % —
avril 1919 : 8 h par jour	52 h et plus : 4,9 % —
juin 1936 : semaine de 40 h	

4

au bout de...

Observez et répétez

1. Elle a attendu une heure...
2. Elle a travaillé dans un magasin pendant trois ans...
3. Elle a habité rue Saint-Vincent pendant un an...
4. Elle a vécu sans travailler pendant trois mois...
5. Elle est partie à l'étranger pendant quelques mois...

Complétez selon l'exemple en utilisant les verbes être renvoyé, déménager, trouver une place, revenir.

→ 1. Elle a attendu une heure et au bout d'une heure elle est partie.
→ 2...

Transformez en dialogues les phrases obtenues

— Elle a attendu une heure !
— Et au bout d'une heure ?
— Eh bien, au bout d'une heure elle est partie.

ne... rien

Observez et répétez

D'après Monique, son fils est parfait :
il aime les livres, les bons films,
il s'intéresse à tout,
il s'occupe de beaucoup de choses,
et en plus, il écoute ses conseils !

Transposez

Et pourtant,
→ son fils n'aime rien,
il...

Observez et répétez

— Vous avez cherché du travail ?
— Oui, j'ai cherché, mais je n'ai rien trouvé !

Répondez aux questions en utilisant ne rien et le verbe proposé

(Voir) Vous avez lu toutes les petites annonces ? — *(Manger)* Il est venu au restaurant avec vous ? — *(Préparer)* Tu reçois des amis ce soir ? — *(Visiter)* Vous êtes allés à Madrid ?

Observez et répétez

Je suis allé dans plusieurs magasins mais je n'ai rien acheté.

Complétez les phrases suivantes avec ne rien **et les verbes** obtenir, verser, accepter, dire.

Les ouvriers ont réclamé une augmentation, mais... — On l'a longuement interrogé, mais... — Le gouvernement a promis une aide aux agriculteurs, mais... — On lui a proposé un logement, de l'argent, mais...

autrement ; quelqu'un d'autre, personne d'autre ; autre chose, rien d'autre

Observez et répétez

— Je n'ai pas envie de demander ce service à Olivier. — Demande-le à quelqu'un d'autre !

— Elle ne sort qu'avec Paul ? — Oui, elle ne veut sortir avec personne d'autre !

— Je n'ai pas envie de lire ! — Eh bien, fais autre chose.

— Tu as assez mangé ? Tu ne veux pas autre chose ? — Non, merci, je ne veux rien d'autre.

— Je n'aime pas prendre l'avion ! — Pour aller en Grèce, tu peux voyager autrement !

Complétez

— Je n'ai pas envie de regarder ce vieux film. — Regarde...

— Je ne veux pas boire de vin. — Il n'y a...

— Tu sors encore avec Martine ! — Je ne connais...

— Tu crois que Patrick voudra m'emmener au cinéma ? — Je ne crois pas ! Demande...

— Je mets ma robe rouge ? — Non, mets...

— J'invite Marie ce soir. — Encore Marie ! Invite...

— Tu fais encore des pommes de terre au beurre ! — Je ne sais pas les préparer...

Synthèse

Verbes

construire, suivre, atteindre, répondre

		construire	suivre	atteindre	répondre
PRÉSENT	J(e)	construis	suis	atteins	réponds
	Tu	construit	suis	atteins	réponds
	Il Elle }	construit	suit	atteint	répond
	Nous	construisons	suivons	atteignons	répondons
	Vous	construisez	suivez	atteignez	répondez
	Ils Elles }	construisent	suivent	atteignent	répondent
PASSÉ COMPOSÉ	J'	ai construit	ai suivi	ai atteint	ai répondu
IMPARFAIT	J(e)	construisais	suivais	atteignais	répondais
FUTUR	J(e)	construirai	suivrai	atteindrai	répondrai

réduire, renvoyer, revenir, dépendre

		réduire	renvoyer	revenir	dépendre
PRÉSENT	Je	réduis	renvoie	reviens	dépends
	Tu	réduis	renvoies	reviens	dépends
	Il / Elle	réduit	renvoie	revient	dépend
	Nous	réduisons	renvoyons	revenons	dépendons
	Vous	réduisez	renvoyez	revenez	dépendez
	Ils / Elles	réduisent	renvoient	reviennent	dépendent
PASSÉ COMPOSÉ	J(e)	ai réduit	ai renvoyé	suis revenu	ai dépendu
IMPARFAIT	Je	réduisais	renvoyais	revenais	dépendais
FUTUR	Je	réduirai	renverrai	reviendrai	dépendrai

Interrogation directe

┌─ INTERROGATION DIRECTE ─┐   ┌─ INTERROGATION INDIRECTE ─┐

Vous pouvez venir ?
Pouvez-vous venir ?   → Dites-moi **si** vous pouvez venir.
Est-ce que vous pouvez venir ?

Qu'est-ce que tu fais ?   **ce que** tu fais.
Où est-ce que tu vas ?   **où** tu vas.
Comment est-ce que tu t'appelles ? → Dis-moi   **comment** tu t'appelles.
Quand est-ce que tu pars ?   Je ne sais pas **quand** tu pars.
Pourquoi fais-tu cela ?   **pourquoi** tu fais cela.
Quel âge as-tu ?   **quel** âge tu as.

Les négations

personne ... ne ...	— Quelqu'un a téléphoné ? — Non, *personne* n'a téléphoné.
ne ... personne ...	— Tu vois quelqu'un ? Non, je *ne* vois *personne*.
	— Tu as vu quelqu'un ? Non, je *n'*ai vu *personne*.
rien ... ne ...	— Le travail est fait ? Non, *rien* n'est fait.
ne ... rien ...	— Tu vois quelque chose ? Non, je *ne* vois *rien*.
	— Tu as vu quelque chose ? Non, je *n'*ai *rien* vu.
ne ... jamais ...	— Elle sort quelquefois ? Non, elle *ne* sort *jamais*.
	— Vous êtes allé en Grèce ? Non, je *n'*y suis *jamais* allé.

RAPPELS

déjà .../ne ... pas encore	— Paul est *déjà* là ? — Non, il *n'*est *pas encore* là.
toujours / **ne... plus...** **encore**	— Elle travaille *toujours* ? — Non, elle *ne* travaille *plus* depuis un an.
aucun..., aucune...	— Elle a pris des papiers ? — Non, elle n'a pris *aucun* papier.

Test

Complétez *(que, si)*

1. On dit ... les prix ont encore augmenté. — **2.** Il paraît ... des ouvriers vont être licenciés. — **3.** Je ne sais pas ... je suivrai mon entreprise quand elle changera de ville. — **4.** Vous saviez ... on allait construire un pont ici ? — **5.** Le patron m'a demandé ... le travail n'était pas trop dur. — **6.** Je crois ... j'ai attrapé un rhume. — **7.** Je ne sais pas ... on aura du bruit ici. — **8.** Je crois ... on aura beaucoup de bruit.

Complétez *(qu'est-ce que...? ce que...)* **en ajoutant la ponctuation (. ou ?)**

1. Pierre, ... tu fais
2. Dis-moi ... tu fais
3. ...tu me dis est étonnant

4. Montre-moi ... il t'a donné
5. Vous savez ... il m'a répondu
6. ... il a répondu

Transformez en phrases négatives en utilisant *rien, personne, jamais, aucun.*

1. Ces mesures ont amélioré *quelque chose.*
2. Il prend *quelquefois* des initiatives.
3. On lui laisse *un peu* de liberté.
5. Elle sourit *quelquefois.*
5. Elle se plaint *toujours.*

6. J'ai rencontré *le patron* en venant.
7. Il s'intéresse *à beaucoup de choses.*
8. Le patron a renvoyé *plusieurs* ouvriers hier.
9. Il pourra s'habituer à ce bruit.

Documents complémentaires

L'O. C. D. E.[1] n'est pas très optimiste

Les spécialistes de l'O. C. D. E. ont présenté hier leur étude annuelle sur la situation économique en France. 1977 a été, comme chacun le sait, une année difficile. Les grands problèmes, inflation et chômage, ne seront pas résolus en 1978. Pas d'amélioration à attendre sur le marché de l'emploi — au contraire, le succès limité du plan gouvernemental permet de penser que la situation sera encore plus grave dans quelques mois.

D'autre part, l'O. C. D. E., prévoit que la hausse des prix sera supérieure à 9 % cette année. Comme toujours, le gouvernement français est plus optimiste et compte sur* 8 %. Et comme toujours, les chiffres exacts seront entre les prévisions des uns et des autres.

———

1. L'Organisation de Coopération et de Développement Économique.

Dodo, métro, repos...

Une enquête de Télé-France sur les loisirs des Français

Télé-France présentera cet après-midi sa grande enquête sur « La vraie vie des Français ». Une centaine d'interviews et un sondage* de l'I. F. O. P.[1] ont permis aux journalistes de cet hebdomadaire de savoir ce que font les Français quand ils ne travaillent pas.

D'après cette enquête, 79 % des Français ne trouvent pas beaucoup de satisfaction dans leur travail. C'est après le temps de travail que commence pour eux « la vraie vie ».

À partir de jeudi prochain et pendant quatre semaines vous pourrez apprendre comment vivent les Français et comment ils aimeraient vivre.

Vous apprendrez par exemple que le matin ils sont à peu près aussi nombreux à penser au travail qui les attend (41 %) qu'à leurs moments de loisirs (40 %).

———

1. L'Institut Français d'Opinion Publique

Ils sont à peu près autant qui seraient prêts à gagner moins d'argent pour avoir plus de liberté. À peu près autant à penser à leur travail quand la journée se termine (48 %) qu'à ne plus y penser (42 %).

Mais les Français sont plus nombreux à retrouver avec satisfaction leur bureau ou leur atelier le lundi matin (47 %) qu'à regretter le week-end (32 %).

Les plus satisfaits sont les agriculteurs et les cadres supérieurs. Ce sont pourtant ceux qui travaillent le plus (60 heures en moyenne par semaine).

C'est pour les ouvriers et les moins de 25 ans que le lundi matin est le plus dur. Ce n'est pas étonnant : les jeunes acceptent de moins en moins le poids du travail et le manque de liberté. Pour eux, plus que pour leurs parents sans doute, la vraie vie commence à la sortie du bureau ou de l'usine.

Petites annonces

Emplois : demandes

DE 05 Jeune homme, 26 ans, connaiss. 2 langues, expérience commerce et administration, cherche poste. — Tél. 224.25.17.

DE 06 Cherch. emploi caissière*. Samedi. Boulogne ou Paris 16e. — Tél. Journal.

DE 07 Étu. 22 ans cherch. heures de ménage. — Tél. Journal.

DE 10 J. F. 24 ans cherch. empl. bureau. Vanves, Malakoff.

DE 36 Étudiant médecine garde malades ts les jrs. 8 — 12 h.

DE 41 Jeune femme 27 ans, cherch. mi-temps* empl. bureau ou vente magasin pour septembre. — Tél. 661. 72.06.

DE 45 Jeune femme cherch. travail manuel.

DE 50 Étudiant médecine garderait enfants soir. Meudon. — Tél. 627.07.33.

Dossier XII

1

Imparfait / passé composé

Observez et répétez

Philippe : Qu'est-ce que vous faisiez quand l'explosion a eu lieu ?	Une personne : Moi, je travaillais dans ma chambre.

Imaginez la réponse...

— de l'épicier
— de la femme de l'épicier
— d'une personne dans la rue
— d'une autre personne

...en utilisant

— rendre de l'argent à une cliente
— peser des légumes
— choisir une salade
— regarder la vitrine du pharmacien.

Observez et répétez

Philippe : Qu'est-ce que vous avez fait quand vous avez entendu ce bruit ?
La personne : Je suis sortie.

Imaginez les réponses de différentes personnes en utilisant

sortir, se baisser*, regarder dans la rue, courir à la pharmacie, rentrer chez l'épicier.

voir, entendre, laisser (+ quelqu'un + infinitif)

Observez et répétez

— Vous avez vu *cet homme* ?
  — Oui, il a lancé quelque chose dans le magasin,
    il a couru,
    il a bousculé plusieurs personnes,
    il a tourné rue de Buci.

Transposez

— Vous avez vu cet homme ?
→ — Oui, je l'ai vu lancer...

Remplacez

cet homme → ces hommes

Transposez

→ — Je les ai vus lancer...

Remplacez

rentrer → sortir, partir, arriver

Observez et répétez

— Tu as entendu Béatrice *rentrer*, hier ?
  — Oui, elle est rentrée vers 11 heures.

Observez et répétez

Michel a quelque chose à dire. Laissez-le parler.

Observez et répétez

Ils sont fatigués. Laisse-les se reposer.
Ils sont fatigués. Laissez-les se reposer.

Remplacez

Michel → Hélène, Hélène et Philippe, je

Complétez les phrases en utilisant laisser **et les verbes** travailler, prendre le volant, manger, répondre, aller au cinéma.

Elle veut conduire, ...!
Il a faim, ...!
Mon examen est dans deux jours, ...!
On a envie de se distraire, ...!
On m'a posé une question, ...!

Conditionnel

Observez et répétez

— Pourriez-vous reconnaître ces deux hommes?
— Je voudrais bien, mais je ne pense pas que je pourrais le faire facilement.

Apprenez

Je	pourrais	Je	voudrais
Tu	pourrais	Tu	voudrais
Il	pourrait	Il	voudrait
Nous	pourrions	Nous	voudrions
Vous	pourriez	Vous	voudriez
Ils	pourraient	Ils	voudraient

Mettez au conditionnel les verbes en italique

Voulez-vous nous dire ce qui s'est passé au moment de l'explosion? — *Pouvez-vous* nous donner d'autres informations? — *Pouvez-vous* répondre à toutes nos questions?

Verbes pronominaux; verbes simples

Observez

——————— PHRASES ———————		——————— CONSTRUCTIONS ———————
Qu'est-ce qui se passe?	→	Quelque chose se passe.
Où est-ce qu'elle passe ses vacances?	→	Quelqu'un passe ses vacances.
La séance se termine à 8 heures.	→	Quelque chose se termine.
Vous terminez votre travail à quelle heure?	→	Quelqu'un termine quelque chose.
Elle s'intéresse à cette affaire?	→	Quelqu'un s'intéresse à quelque chose.
Cette affaire l'intéresse directement!	→	Quelque chose intéresse quelqu'un.
Il se rassure quand on lui parle.	→	Quelqu'un se rassure.
Cette lettre me rassure!	→	Quelque chose rassure quelqu'un.
Il s'aperçoit de la difficulté!	→	Quelqu'un s'aperçoit de quelque chose.
Il aperçoit la mer de sa fenêtre.	→	Quelqu'un aperçoit quelque chose.
Elle se baisse difficilement depuis son accident.	→	Quelqu'un se baisse.
Le prix des légumes baisse un peu.	→	Quelque chose baisse.

Mettez les phrases de ce tableau au passé composé

→ Qu'est-ce qui s'est passé? → Où est-ce qu'elle a passé ses vacances? →...

2

Le passif

Lisez et observez

(Monsieur Montel) a préparé un rapport sur les conditions de travail dans l'industrie automobile. — (Il) a présenté ce rapport à l'Assemblée nationale lundi dernier. — (Les députés*) ont posé plusieurs questions. — (Quelques-uns) ont réclamé d'autres mesures. — (On) ne connaît pas encore le résultat de ces discussions.

Mettez au passif en supprimant les mots entre parenthèses

→ Un rapport sur les conditions de travail dans l'industrie automobile a été préparé.
→ ...

Observez et répétez

Philippe Aubry et un témoin	*Philippe Aubry et un policier*
Ph. A. : Qu'est-ce qui s'est passé ? Le témoin : On *a lancé* une bombe dans un magasin de vêtements. Ph. A. : Il y a eu beaucoup de dégâts ? Le témoin : Oui, vous voyez, l'explosion *a détruit* une partie du magasin. Ph. A. : Est-ce qu'on a vu les coupables ? Le témoin : Oui, on les *a aperçus*, mais on ne les *a pas rattrapés* !	Ph. A. : Vous avez du nouveau sur l'explosion de la rue Monge ? Le policier : Pour le moment, on *mène* une enquête. Ph. A. : Vous *connaissez* les coupables ? Le policier : Non, on *a noté* toutes les indications des témoins... Ph. A. : On *interroge* un individu ? Le policier : Oui, mais on n'a pas de preuves contre lui !

À partir de ces enquêtes, écrivez un article de journal en mettant au passif les verbes en italique

→ « Une bombe a été lancée dans un... »

Signalements*

Observez et répétez

Le premier témoin interrogé a donné le signalement suivant :

— Taille* : 1,75 m environ
— Cheveux* : blonds
— Yeux* : bleus

« Le premier témoin interrogé a vu un individu qui mesurait* 1,75 m environ, qui avait les cheveux blonds, les yeux bleus, et qui portait une veste de cuir... »

Imaginez quatre signalements (utilisez : brun, brune, blond(e), cheveux longs, cheveux courts, yeux bleus, marron)

→ taille :...
→ ...

Répondez aux policiers chargés de l'enquête (utilisez : pull noir ; pantalon noir ; chemise bleue à carreaux ; veste de laine, de cuir ; robe ; jupe bleue ; chemisier à fleurs ; chaussures noires...)

→ « J'ai vu un homme qui mesurait... »

3

depuis... ; il y a...

Observez

1. PASSÉ COMPOSÉ + *il y a* marque une action qui a eu lieu à un moment précis :

{ — Michel a écrit ?
— Oui, il a écrit il y a une semaine.

2. PRÉSENT + *depuis* marque une action qui dure encore
   - depuis une certaine date :
   - depuis un certain temps :

{ Pierre dort depuis hier, depuis 8 heures...
Pierre dort depuis une demi-heure.

PASSÉ COMPOSÉ + *il y a* :	PRÉSENT + *depuis* :
— Marie a téléphoné ?	— Marie est toujours au téléphone ?
— Oui, elle a téléphoné il y a deux heures.	— Oui, elle téléphone depuis une heure.

Répondez aux questions en utilisant depuis **ou** il y a

Il a plu ?	Il pleut ?
On a interrogé les témoins ?	On interroge les témoins ?
Ils ont discuté de ce problème ?	Ils discutent de ce problème ?
Elle a regardé la télévision ?	Elle regarde la télévision ?

Observez et répétez

Monique S... : 1968, elle s'installe à Paris. — 1970, elle rencontre Paul B... — 1972, elle trouve du travail dans un journal. — 1974, elle commence à publier des livres.

Nous sommes en 1980. Répondez aux questions.

1

Elle s'est installée à Paris il y a combien de temps ?

Elle a rencontré Paul B... il y a combien de temps ?

Elle a trouvé du travail il y a combien de temps ?

Elle a commencé à publier des livres il y a combien de temps ?

2

Monique S... vit à Paris depuis combien de temps ?

Elle connaît Paul B... depuis combien de temps ?

Elle travaille dans un journal depuis combien de temps ?

Elle publie des livres depuis combien de temps ?

Lexique

Une enquête : êtes-vous sévère avec vos enfants ?

1. Votre enfant prétend qu'il n'a pas de travail; vous pensez que ce n'est pas vrai :
   → a) vous vérifiez; b) vous ne dites rien.

2. Votre fils (fille) vous demande de sortir; vous savez qu'il (elle) a du travail :
   → a) vous lui dites que vous n'êtes pas d'accord; b) vous acceptez.

3. Votre fils (fille) veut avoir une chambre indépendante; vous pensez que ce n'est pas raisonnable :
   → a) vous lui dites qu'il (elle) est trop jeune; b) vous lui donnez de l'argent pour en louer une.

4. Un de vos enfants a décidé d'aller à une manifestation; vous êtes inquiet :
   → a) vous l'empêchez de sortir; b) vous le laissez partir.

5. Votre enfant a envie d'un vêtement très cher et dont il n'a pas vraiment besoin :
   → a) vous lui demandez d'attendre; b) vous achetez ce vêtement.

6. Votre enfant ne veut pas prendre de transports en commun :
   → a) vous lui conseillez d'aller à pied; b) vous le conduisez en voiture.

> RÉSULTATS : moins de 2a, vous n'êtes vraiment pas sévère !
> 3a, vous êtes assez sévère,
> 6a, vous êtes très sévère.

laisser quelqu'un faire quelque chose; empêcher quelqu'un de faire quelque chose

Observez et répétez

Ils ne le laissent pas sortir. — On ne nous a pas laissés répondre. — On ne m'a pas laissé parler. — On ne les a pas laissés assister à la réunion. — On ne nous laissera pas entrer. — Ils ne m'ont pas laissé partir.

Transposez en utilisant empêcher de

→ Ils l'empêchent de sortir.
→ ...

4

Le passif

Observez et répétez

Actuellement, on prend des mesures pour améliorer la vie dans les prisons; on organise des réunions entre différents spécialistes, on détruit les anciens bâtiments, on construit de nouveaux bâtiments, on réduit certaines peines, on mène quelques expériences intéressantes.

Transposez

→ 1. Actuellement, des mesures sont prises...
2. En 1973, des mesures ont été prises...

Attention

MASCULIN	:	pris,	réduit
FÉMININ	:	prise,	réduite

Présent; passé composé

```
──────── SORTIE DE PRISON : SERONT LIBÉRÉS AUJOURD'HUI ────────
```

Pierre M.,   condamné à 15 ans de prison pour avoir tué un employé de métro.
Jean B.,   —   10   —   attaqué une banque.
Roland A.,   —   5   —   volé 20 000 francs.
Serge T.,   —   18   —   blessé un enfant
Maurice R.,   —   20   —   tiré sur un policier

Imaginez des dialogues à partir de ces informations, sur le modèle

Le journaliste : Il est en prison depuis combien de temps ?
Le directeur de prison : Depuis quinze ans.

Le journaliste : Qu'est-ce qu'il a fait ?
Le directeur de prison : Il y a quinze ans, il a tué un employé de métro.

Passé composé / imparfait

Observez et répétez

— Qu'est-ce qu'il a fait ?
— Il a tué un policier.

— Qu'est-ce qu'il faisait à ce moment-là ?
— Il travaillait dans une usine.

Observez et répétez

— Quand tu as connu Roland, il *vivait à Paris* ?
— Oui, il a vécu à Paris *pendant un an* ; après, je ne sais pas ce qu'il a fait.

Faites la même chose avec

Attaquer un magasin, tirer sur un commerçant, blesser quelqu'un.

Chercher du travail, être au chômage, vivre chez ses parents.

Remplacez

vivre
à Paris → habiter à la campagne, travailler dans une usine, chercher du travail, vendre des voitures
pendant
un an → pendant un mois, quelques mois, deux ans...

Synthèse

Verbes

		servir	entendre	courir	reconnaître	poursuivre
PRÉSENT	Je	sers	entends	cours	reconnais	poursuis
	Tu	sers	entends	cours	reconnais	poursuis
	Il Elle	sert	entend	court	reconnaît	poursuit
	Nous	servons	entendons	courons	reconnaissons	poursuivons
	Vous	servez	entendez	courez	reconnaissez	poursuivez
	Ils Elles	servent	entendent	courent	reconnaissent	poursuivent
PASSÉ COMPOSÉ	J(e)	ai servi	ai entendu	ai couru	ai reconnu	ai poursuivi

IMPARFAIT	J(e)	servais	entendais	courais	reconnaissais	poursuivais
FUTUR	J(e)	servirai	entendrai	courrai	reconnaîtrai	poursuivrai

		détruire	éteindre	obéir	lire	écrire
PRÉSENT	Je	détruis	éteins	obéis	lis	écris
	Tu	détruis	éteins	obéis	lis	écris
	Il Elle }	détruit	éteint	obéit	lit	écrit
	Nous	détruisons	éteignons	obéissons	lisons	écrivons
	Vous	détruisez	éteignez	obéissez	lisez	écrivez
	Ils Elles }	détruisent	éteignent	obéissent	lisent	écrivent
PASSÉ COMPOSÉ	J(e)	ai détruit	ai éteint	ai obéi	ai lu	ai écrit
IMPARFAIT	J(e)	détruisais	éteignais	obéissais	lisais	écrivais
FUTUR	J(e)	détruirai	éteindrai	obéirai	lirai	écrirai

Passé composé / imparfait

1. Le passé composé marque

une action *passée*   : Hier, Pierre *est sorti*.
    qu'on peut *dater*   : Hier, Pierre *est sorti* à 7 heures.
    dont on peut préciser
        — la *durée*   : Hier, Pierre *a travaillé* pendant deux heures.
        — les *limites*   : Hier, Pierre *a travaillé* de 5 h à 7 heures.

2. L'imparfait marque ce qui se passait quand une autre action a eu lieu.

Hier, { je *regardais* la TV
         je *lisais*
         je *travaillais*
         j'*écoutais* la radio } { ... }

On attend une suite, par exemple : *Pierre est arrivé.*

On peut dire aussi : Hier, je *regardais* la TV { quand   } Pierre est arrivé.
                      ... { au moment où } Pierre est sorti.

         Hier, Pierre est arrivé { quand   } je *regardais* la TV.
                    ... { au moment où } ...
                    ... { pendant que } ...

3. L'imparfait marque aussi un cas général ; le passé composé un cas particulier :

     Ma voiture m'*a coûté* 20 000 francs.
     Il y a dix ans, la 2 CV *coûtait* 6 000 francs ; maintenant, elle coûte 14 000 francs.

Test

Transformez les phrases en ajoutant : 1) *pendant deux ans* ; **2)** *quand je l'ai connu(e).*

1. Elle travaille. — **2.** Elle habite en Bretagne. — **3.** Il écrit des livres. — **4.** Elle s'intéresse au cinéma. — **5.** Il vit chez ses parents.

Mettez le verbe au passé composé ou à l'imparfait.

1. Quand est-ce qu'elle... ?   *(déménager)*
2. J'... Pierre à l'école à 8 heures.   *(conduire)*
3. Il... un policier.   *(blesser)*
4. Il n'a rien entendu. Il...   *(dormir)*
5. Quand il... en prison, il ne... ni lire ni écrire.   *(entrer, savoir)*

Mettez le verbe au présent ou au passé composé.

1. Paul... il y a une heure. *(téléphoner)*
2. Paul... depuis une heure. *(téléphoner)*

3. Elle... Paul il y a un an. *(connaître)*
4. Elle... Paul depuis un an. *(connaître)*

Documents complémentaires

La justice en question : les tribunaux administratifs sont trop lents*

7 000 dossiers attendent au Conseil d'État. 420 000 affaires sont encore à traiter* devant les tribunaux administratifs... Et pour examiner une affaire, il faut maintenant un délai de trois à cinq ans. Quand la décision a été prise, il faut encore deux ans pour la mettre en pratique*.

Que faire alors, quand, par exemple, un permis de construire est refusé sept ans après la construction d'un immeuble ?

Détruire l'immeuble ou la lettre annonçant* le refus ?...

Faits divers

Une habitante d'Angoulême avait l'habitude (très imprudente* !) de transporter toutes ses économies avec elle...

Lundi dernier, elle est allée téléphoner dans une cabine* publique... et elle a laissé dans la cabine l'enveloppe où elle mettait son argent. Quand elle s'en est aperçue, elle est bien sûr retournée dans la cabine... mais il était trop tard, il ne restait plus rien !

*
* *

Pour la neuvième fois en dix ans, le magasin de radios d'un commerçant de Dinan (M. Girard) a été cambriolé*. Et c'est la deuxième fois en dix ans qu'il tire sur le voleur.

Cette semaine, M. Girard a tué une jeune fille de vingt ans. Une enquête est en cours*. Pour le moment, M. Girard a été laissé en liberté.

Dossier XIII

1

Subjonctif

travailler, partir, conduire, choisir

Observez et répétez

— Elle ne travaille pas ?
  — Non, mais il faut qu'elle travaille !
— Elle ne part pas ?
  — Non, et pourtant il faut qu'elle parte !
— Il ne conduit pas ?
  — Non, et il faudrait qu'il conduise !
— Il hésite encore ?
  — Oui, il faut pourtant qu'il choisisse !

Se conjuguent comme	
travailler :	manger, parler, se reposer
partir :	dormir, sortir
conduire :	dire, lire, construire, détruire, réduire
choisir :	obéir, grandir, ralentir, grossir, se réunir, maigrir

Complétez

1. Elle est trop maigre. Il faudrait qu'elle ... — Il est trop gros. Il faudrait qu'il ... — Il roule trop vite. Il faut ... — Pierre ne fait pas ce que je lui dis. Il faut pourtant ... — Elle ne lit pas les journaux. Il faudrait ... — Elle reste toujours chez elle. Il faudrait ...

2. D'après les ouvriers, il faut que les responsables syndicaux ... pour obtenir : qu'on ... les bâtiments les plus anciens ; qu'on ... de nouveaux bâtiments ; qu'on ... la durée du travail ; qu'on ... les salaires les plus bas.

être, avoir

Observez et répétez

ÊTRE	AVOIR

— Il n'est pas là ?
  — Non, pas encore.
— Il faut qu'il soit là à 9 heures
	— Elle n'est pas prête ?
	  — Non. Il faut pourtant qu'elle ait le train de 8 heures.

Observez

AGENCE GAUNET. MARIAGES-RENCONTRES

Vous cherchez un mari ou une femme. Nous avons certainement celui ou celle qu'il vous faut. Répondez à ces questions, et nous vous ferons rencontrer l'homme ou la femme qui vous convient.

Comment voyez-vous l'homme ou la femme dont vous rêvez ?
Mettez une croix en face de votre choix.

Il (elle) est grand (e) ...
     petit (e) ...
     simple ...
     élégant (e) ...
     blond (e) ...
     brun (e) ...
     drôle ...
     sérieux (sérieuse) ...
     optimiste ...
     inquiet (inquiète) ...

Il (elle) a un travail intéressant ...
     beaucoup de loisirs ...
     beaucoup de vacances ...
     beaucoup d'argent ...
     une bonne santé ...
     beaucoup d'initiative ...

Il (elle) aime les voyages ...
     les livres ...
     la vie en plein air ...
     la vie en société ...
     le cinéma ...
     la télévision ...

À partir des croix obtenues, faites un portrait : « Je voudrais qu'il (qu'elle) soit... »

Interrogez des personnes autour de vous : « Comment voyez-vous l'homme (ou la femme) dont vous rêvez ? Voulez-vous qu'il (qu'elle) soit... ? »

Faites quelques portraits avec les réponses obtenues.

qui ; que ; dont (rappel)

Observez et répétez

Les journaux du matin parlent de Maurice X. Il a blessé un policier il y a 1 an ; le tribunal l'a jugé il y a 3 semaines ; il a été condamné à 10 ans de prison ; son avocat essaie d'obtenir un nouveau jugement.

Transposez

1. Qui est-ce ?
→ C'est un individu qui a...

2. Qui est cet homme ?
→ C'est celui qui a...

2

Subjonctif (1re et 2e personne du pluriel)

Observez et répétez

Manger : — Je n'ai pas faim ! — Il faut que vous mangiez quand même !
Dormir : — Je ne suis pas fatigué ! — Il faut que vous dormiez quand même !

Conduire : — Je ne conduis plus depuis mon accident. — Il faut que vous conduisiez, maintenant...

Choisir : — J'hésite, je ne sais pas quoi prendre... — Il faut pourtant que vous choisissiez !

Présent de l'indicatif : *-ez* Présent du subjonctif : *-iez*

Observez et répétez

Vous cherchez du travail ? Alors...
 lisez les petites annonces, téléphonez
 à des agences, écoutez la radio.

Et quand vous écrivez...
 indiquez bien votre nom, donnez
 votre adresse, précisez votre profession.

Transposez

Vous cherchez du travail ? Alors...
→ il faut que vous lisiez...

Et quand vous écrivez...
→ il faut que...

Observez et répétez

Faire : — Vous avez fait votre travail ? — Non, pas encore. — Il faut que vous le fassiez avant ce soir.

Être : — On peut sortir ? — Oui, mais il faut que vous soyez là pour dîner.

Savoir : — Pour obtenir cette place, qu'est-ce qu'il faut ? — Il faut d'abord que vous sachiez conduire.

Avoir : — Je suis sûr qu'il est coupable ! — Pour dire cela, il faut que vous ayez des preuves.

Connaître : — Je voudrais être secrétaire dans une agence de voyages. — Alors, il faut que vous connaissiez au moins deux langues.

Pouvoir : — Pour avoir le permis de conduire, il faut que vous puissiez répondre à toutes les questions.

Observez et répétez

Si vous partez en voyage, préparez bien votre départ, faites vérifier votre voiture, pensez à vos papiers, laissez votre adresse à des amis, et prenez une assurance.

Transposez

→ Si vous partez en voyage, il est indispensable que...

Observez et répétez

Pour obtenir le permis de conduire, il faut avoir 18 ans, avoir pris des leçons, connaître le code et répondre sans hésiter à toutes les questions, conduire parfaitement, savoir se garer.

Transposez

→ Pour obtenir le permis de conduire, il faut que vous...

rester + adjectif

Complétez les phrases suivantes avec inquiet, fatigué, valable, dangereux, cher, calme, nuageux, seul, **et le verbe** rester.

Demain il ne fera pas très beau, et le temps ... ... — Le prix des légumes a baissé mais les fruits ... ... — Dans les embouteillages, il faut que vous ... ... — Elle a été sérieusement malade, et ... ... — On a amélioré l'état de cette route, mais elle ... ... — Si vous prenez un billet S. N. C. F., il ... ... pendant deux mois. — On lui a proposé de sortir avec nous, mais il préfère ... ... — J'ai essayé de la rassurer, mais elle ... ...

3

trop... pour...

Observez et répétez

— Il est très fatigué.
— Oui, trop fatigué pour travailler.

Faites la même chose avec

pressé	prudent	énervé	âgé
attendre	rouler vite	dormir	vivre seul

pour que + subjonctif

Observez et répétez

> Leur fils n'est jamais content, et pourtant, ils font tout pour qu'il soit content.

Observez et répétez

À L'HÔTEL MARGOT...
La nourriture est bonne, nos clients sont contents du service, ils peuvent se reposer, ils peuvent aussi se distraire, ils ont toujours envie de revenir ! Nous faisons tout pour ça.

Transposez

→ À l'hôtel Margot, nous faisons tout pour que...

Observez et répétez

Vous voulez que vos enfants fassent des études, parce qu'ainsi :
  ils connaîtront plus de choses,
  ils auront des contacts intéressants,
  ils pourront avoir une meilleure situation,
  ils seront plus heureux.

Transposez

Vous voulez que vos enfants fassent des études. Pourquoi ?
→ Pour qu'ils connaissent...

Observez et répétez

CONSEILS DE LA SÉCURITÉ ROUTIÈRE

Automobilistes, respectez le code, lisez les panneaux, conduisez moins vite, suivez bien tous nos conseils... Il y aura moins d'accidents sur les routes.

Transposez

→ Automobilistes, pour qu'il y ait moins d'accidents, il faut que...

4

trouver quelqu'un, quelque chose + adjectif

Observez et répétez

Elle se plaint toujours de tout ! Ses vacances sont trop courtes, son travail est fatigant, son patron est trop sévère, son appartement est loin du centre, son loyer est trop élevé, sa vie est trop banale...

Transposez

Elle se plaint toujours de tout !
→ Elle trouve ses vacances trop courtes, elle trouve...

se sentir + adjectif, adverbe

Observez et répétez

> — Vous êtes bien ? — Oui, oui ; je me sens tout à fait bien, merci.

Observez et répétez

Elle a déménagé quand elle a pris sa retraite, et elle est un peu seule, isolée dans la campagne, loin de ses enfants.

Transposez

→ Elle a déménagé quand elle a pris sa retraite, et elle se sent...

avoir l'air

Observez et répétez

> — Je m'entends très bien avec elle ! — Elle a l'air très agréable, en effet...

Complétez les phrases suivantes avec avoir l'air **et les adjectifs** inquiet (ète), actif (active), heureux (euse), indépendant (e), violent (e), intéressant (e).

Elle est très contente de sa vie, elle a l'air... — Le médecin n'a pas réussi à la rassurer,... — Je crois que Monique fait beaucoup de choses,... — Gérard se met souvent en colère,... — Je vais aller voir ce film,... — Elle vit seule,...

Le passage à l'infinitif

Observez et répétez

Elle va partir dans une maison de retraite : elle sera mieux que chez elle, elle pourra rencontrer des gens, elle sera plus en sécurité ; elle vivra dans un cadre plus agréable.

Elle veut aller dans une maison de retraite :
→ elle pense qu'elle...
...
→ elle pense être...
...

Observez et répétez

> — Vous pensez que vous garderez *cet emploi ?*
> — Oui, je pense que je le garderai un certain temps. Je pense même le garder longtemps.

Remplacez

cet emploi → cette place, cet appartement, cette voiture

vouloir + infinitif ; vouloir que + subjonctif

Observez et répétez

Elle n'attendra pas. Recevez-la tout de suite. — Elle ne partira pas avec vous. Rejoignez-la la semaine prochaine. — Ils ne discuteront pas. Acceptez tout de suite. — Elles ne répondront pas. Répondez à leur place. — Nous ne prendrons pas de décision. Choisissez vous-même.

Transposez

→ Elle ne veut pas attendre ! Elle veut que vous la receviez tout de suite !
→ ...

111

Synthèse

Verbes

	remettre	réagir	apprendre
PRÉSENT	Je remets Tu remets Il } Elle } remet Nous remettons Vous remettez Ils } Elles } remettent	Je réagis Tu réagis Il } Elle } réagit Nous réagissons Vous réagissez Ils } Elles } réagissent	J' apprends Tu apprends Il } Elle } apprend Nous apprenons Vous apprenez Ils } Elles } apprennent
PASSÉ COMPOSÉ	J'ai remis	J'ai réagi	J'ai appris
IMPARFAIT	Je remettais	Je réagissais	J' apprenais
FUTUR	Je remettrai	Je réagirai	J' apprendrai

Le subjonctif (morphologie)

	travailler	choisir	partir	produire	venir
Il faut que je nous	travaille travaillions	choisisse choisissions	parte partions	produise produisions	vienne venions

	travailler	choisir	partir	produire	venir
INFINITIF	travaill-er	chois-ir	part-ir	produi-re	ven-ir
SUBJONCTIF	travaill-e	chois-iss-e	part-e	produi-s-e	vienne ven-ions

Quelques verbes irréguliers

	être	avoir	faire	aller	savoir	pouvoir
Il faut qu(e) J(e) Tu Il Elle } Nous Vous Ils Elles }	sois sois soit soyons soyez soient	aie aies ait ayons ayez aient	fasse fasses fasse fassions fassiez fassent	aille ailles aille allions alliez aillent	sache saches sache sachions sachiez sachent	puisse puisses puisse puissions puissiez puissent

Emplois de l'indicatif et du subjonctif

L'indicatif (rappel)

| VERBES | dire
prétendre
affirmer
répondre
... | } que... | penser
croire
estimer
trouver
... | } que... | constater
noter
remarquer
s'apercevoir
... | } que... | savoir
apprendre
prévoir
...
+ il paraît | } que... |

EXEMPLE :

Maurice dit que Pierre est malade. (*dire* + *que* + **indicatif**)

REMARQUE

Il prétend qu'il est malade → Il prétend être malade.
infinitif (possible)

Le subjonctif

| VERBES | vouloir
désirer
préférer
... | } que... | demander
attendre
regretter
... | } que... | avoir envie
peur
... | } que... | il faut
il est indispensable
... | } que... |

EXEMPLE :

Je veux qu'il soit là à 7 heures (*vouloir* + *que* + **subjonctif**)

REMARQUES :

- Je veux { que Pierre parte
  qu'il parte }   *Mais :* Je veux partir. (C'est moi qui pars.)
  infinitif **obligatoire**

- Il regrette que tu partes.   *Mais :* Il regrette de partir.
  de + infinitif

- *Pour que* + **subjonctif** :
  Il m'a téléphoné *pour que* je ne *sois* pas inquiète.

- *Pour* + **infinitif** :
  Elle est partie dans une maison de retraite *pour* ne pas *rester* seule.
  (Infinitif **obligatoire**)

Test

Suivant les cas, mettez le verbe au subjonctif ou à l'indicatif (attention au temps).

1. Je voudrais qu'elle... davantage d'initiatives.   (*prendre*)
2. La météo prévoit qu'il ... demain.   (*faire beau*)
3. J'ai peur qu'il ... demain.   (*faire mauvais*)
4. Il faudra que nous ... l'autoroute à la prochaine sortie. (*quitter*)
5. Il affirme qu'il n'... pas coupable.   (*être*)
6. Pour acheter cet appartement, il faudrait que j'... un gros prêt. (*obtenir*)
7. Le témoin prétend qu'il ... un individu courir dans cette direction. (*voir*)
8. Il faudrait que vous ... avant 8 heures.   (*venir*)

Remplacez l'infinitif par une proposition avec *que* quand c'est possible, en gardant le même sens.

1. Je pense partir demain.
2. Il ne veut pas répondre.
3. Tu as envie de partir.
4. Il affirme avoir payé.

5. J'estime avoir fait mon travail.
6. Il désire acheter cette voiture.
7. Il regrette d'avoir répondu.
8. Il espère pouvoir revenir.

Documents complémentaires

Courrier des lecteurs

Nos lecteurs et les revenus des retraités :
— graves injustices*
— beaucoup de lecteurs se plaignent.

Depuis que les travailleurs indépendants (commerçants, artisans...) sont obligés de s'inscrire à des caisses de retraite, de nombreuses caisses professionnelles* ont été créées. Mais quelquefois, elles ont été très mal organisées et beaucoup de personnes âgées se plaignent de leur situation. Nous avons reçu plusieurs lettres à ce sujet.

Ainsi, Mme X... a versé de l'argent à une caisse professionnelle pendant 10 ans. Mais à 65 ans, elle n'a droit à* aucune retraite, car il faut 15 ans de versements*. Même problème pour M. D... Il a versé de l'argent pendant 5 ans. Il vient d'apprendre qu'il n'a pas droit à la retraite et qu'on ne peut pas lui rembourser l'argent qu'il a versé.

Beaucoup de lecteurs affirment également que la retraite aggrave* les inégalités. D'après M. J..., les écarts de salaire sont multipliés par 6 à la retraite.

10 000 personnes âgées réunies à Lyon

Depuis ce matin et jusqu'à demain soir, Lyon est la capitale du troisième âge. Dix mille personnes âgées y sont réunies pour une rencontre nationale. Sujet : la participation* des personnes âgées à la vie sociale.

Le Président de la République viendra demain assister à certaines discussions, et écouter les représentants des 7 millions de personnes de plus de 65 ans qui ne veulent pas vivre à l'écart de la société.

Sur 4 personnes âgées, 3 se sentent à l'écart de la vie en société, à laquelle* elles ne participent* pas, ou très peu. Bien sûr, elles continuent à s'occuper de leur famille : c'est ce qu'affirment 53 % des personnes interrogées. Mais 15 % seulement s'intéressent à la vie de leur quartier ou de leur ville.

La fatigue* causée par une vie de travail, des conditions matérielles souvent très mauvaises, l'absence de responsabilités ou d'initiatives dans leur ancienne profession expliquent en grande partie les difficultés des personnes âgées à participer à la vie sociale.

Dossier XIV

1

Verbe + *à* + nom

Observez et répétez

> *Les responsables syndicaux aux ouvriers de B :* Vous avez droit... à des augmentations régulières, à des moments de repos dans la journée, à des ateliers bien éclairés, à la sécurité de l'emploi... Ne renoncez pas à ces droits ! Réclamez-les !

Faites des phrases sur le modèle suivant :

Réclamez des augmentations régulières. Vous y avez droit ! N'y renoncez pas !

Observez

avoir droit assister s'intéresser participer	} à quelque chose →	{ y avoir droit y assister s'y intéresser y participer

Observez et répétez

——— AIR-VOYAGES ———

Vous avez droit à 20 kg de bagages. →		Ne dépassez pas le poids auquel vous avez droit !
Ne dépassez pas ce poids ! →		Ne dépassez pas les 20 kg auxquels vous avez droit.

masculin singulier	féminin singulier	masculin pluriel	féminin pluriel
AUQUEL	À LAQUELLE	AUXQUELS	AUXQUELLES

Observez et répétez

— Elle s'intéresse à *ces problèmes ?*
— Oui, elle s'y intéresse depuis longtemps. Ce sont des problèmes auxquels elle s'est toujours intéressée.

Remplacez

ces problèmes → cette affaire,
                  ces discussions,
                  ces questions

Observez et répétez

— Vous étiez à *cette réunion ?*
  — Non, malheureusement, je n'ai pas pu y assister, mais c'est la seule réunion à laquelle je n'ai pas assisté cette année.

Observez et répétez

— Vous vous êtes occupé de *cette exposition ?*
  — Je n'y ai pas participé directement, c'est pourtant une exposition à laquelle je voulais participer.

Verbes + *à* + infinitif

Observez et répétez

> Depuis son accident, Mme Germond marche très difficilement*. Elle ne sort plus. Heureusement, elle lit toujours beaucoup.

→ Depuis son accident, Mme Germond a du mal à marcher. Elle a renoncé à sortir. Heureusement, elle continue à lire beaucoup.

Observez et répétez

Depuis qu'elle a quitté son travail, elle vit très difficilement, elle ne voyage plus ; heureusement, sa famille l'aide toujours.

Transposez, en utilisant

avoir du mal ⎫
renoncer   ⎬ à + infinitif
continuer   ⎭

Observez et répétez

> — Martine a passé son permis ?
>   — Non, elle a déjà pris quelques cours, mais elle ne veut pas se présenter tout de suite : elle ne sait pas se garer !

→ — Martine a passé son permis ?
  — Non, elle a commencé à prendre quelques cours, mais elle hésite à se présenter tout de suite : elle n'arrive pas à se garer !

Observez et répétez

— Maurice a trouvé un appartement qui lui plaît ?
  — Oui, mais il ne veut pas l'acheter tout de suite. Il a déjà fait quelques économies, mais il ne peut pas trouver l'argent qui lui manque.

Transposez, en utilisant

hésiter   ⎫
commencer ⎬ à + infinitif
arriver   ⎭

116

réclamer ; protester contre...

MANIFESTATION LE 30 JUIN

UNE SEMAINE SUPPLÉMENTAIRE DE CONGÉS PAYÉS

LA RETRAITE À 60 ANS

LA SEMAINE DE 38 HEURES POUR TOUS

MANIFESTATION LE 4 OCTOBRE

NON À L'AUGMENTATION DES IMPÔTS

NON AU SERVICE MILITAIRE

NON À LA HAUSSE DES PRIX

NON AUX DERNIÈRES MESURES DU GOUVERNEMENT

Faites des phrases en utilisant réclamer

→ Les ouvriers réclament...

Faites des phrases en utilisant protester contre

→ Les Français protestent contre...

2

moi-même, toi-même, soi-même...

Observez et répétez

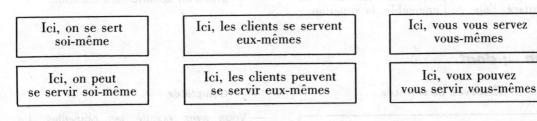

Ici, on se sert soi-même	Ici, les clients se servent eux-mêmes	Ici, vous vous servez vous-mêmes
Ici, on peut se servir soi-même	Ici, les clients peuvent se servir eux-mêmes	Ici, voux pouvez vous servir vous-mêmes

Observez et répétez

« JE FAIS TOUT CHEZ MOI »

Comment organiser soi-même son budget, calculer soi-même ses impôts, faire soi-même ses vêtements, fabriquer soi-même un meuble, s'occuper soi-même de sa voiture... Vous le saurez en achetant ce livre !

Transposez

→ Avec ce livre, j'organise...
→ Achetez ce livre, et vous saurez comment organiser...
→ Aujourd'hui, une femme indépendante peut organiser...

Verbes + *de* ;

parler du, de la...

Observez et répétez

Aujourd'hui, conseil des ministres à 10 heures. Sujet des discussions : la retraite des personnes âgées, le chômage, l'emploi des jeunes, l'inflation.

Transposez

→ Aujourd'hui, au conseil des ministres, on parlera...

se plaindre du, de la...

Observez et répétez

Aujourd'hui, grève des petits commerçants. Motifs de mécontentement : la concurrence des grands magasins, l'augmentation des impôts, le contrôle* des prix, les bénéfices trop réduits.

Transposez

→ Les petits commerçants se plaignent...

tenir compte du, de la...

Observez et répétez

Quand vous achetez un appartement, regardez non seulement le prix, mais aussi le cadre, l'état de l'immeuble, la durée des transports.

Transposez

→ Vous voulez acheter un appartement ? Il vous faudra tenir compte... mais aussi...

dépendre du, de la...

Observez et répétez

Le prix d'un appartement varie avec la surface, l'âge de l'immeuble, la situation.

Transposez

→ Le prix d'un appartement dépend...

en... ; dont

Observez et répétez

Achetez des produits de qualité.
Votre santé en dépend

Achetez les produits COMÉGA :
C'est un choix dont vous ne vous plaindrez pas !

Complétez

— Vous avez écouté les nouvelles. La retraite des personnes âgées, on ... a parlé ?
— Non, on n'... pas parlé aujourd'hui, mais c'est un problème ... on discutera certainement au prochain conseil des ministres.

Observez et répétez

> — Vous avez acheté un appartement ! Comment est le cadre ?
> — Je n'y ai pas fait attention !
> — { C'est pourtant une chose dont il faut tenir compte.
>   Il faut pourtant en tenir compte.

de lui ; d'eux ; d'elle ; d'elles

Observez et répétez

UN CONDUCTEUR NE DOIT PAS OUBLIER
QUE LA VIE DE SES PASSAGERS
DÉPEND DE LUI

Complétez

— Tu crois que Patrick réussira à son examen ?
  — Ça... (dépendre de...).
— Cette secrétaire est sérieuse ?
  — Non, son patron... (se plaindre de...).
— Les Laurel sont très connus ?
  — Oui, on... (parler beaucoup de...).

Observez et répétez

Télé-Programme TF1, 20 h 30 :
— « Les hommes dont on parle... »
— « Les livres dont on parle... »

Complétez

— Vous connaissez Roland X... ?
  — Oui, c'est quelqu'un... (parler beaucoup de...).
— Cette secrétaire est sérieuse ?
  — Non, c'est... (se plaindre beaucoup de...).
— Vous avez vu ce film ?
  — Oui,... (parler beaucoup de...).

3

aider quelqu'un à...

Observez et répétez

— 50 MILLIONS DE CONSOMMATEURS —
Nous ne choisissons pas à votre place,
nous vous aidons à choisir.

Transposez

→ Nous ne choisissons pas à la place du consommateur, nous...
→ Nous ne choisissons pas à la place des consommateurs, nous...

Observez et répétez

Tu peux m'aider à *faire le ménage* ?
Tu m'aides à faire le ménage ?
Aide-moi à faire le ménage, s'il te plaît.

Remplacez

faire le ménage → faire le courrier,
                   préparer le dîner

Verbes + *à* (suite) ; *mentir à quelqu'un*

Observez et répétez

> Travailleurs, on vous ment !
> Il faut que vous réagissiez !
> Défendez-vous !

Complétez

Les travailleurs doivent se défendre ! On...
ment, il faut qu'...!
La classe ouvrière doit se défendre, on...
ment, il faut qu'...!

plaire à quelqu'un ; convenir à quelqu'un ; être utile à quelqu'un

Observez et répétez

Vous cherchez un vêtement ? Achetez bien
sûr un vêtement qui vous plaît, mais choisissez surtout celui qui vous convient le
mieux, celui qui vous est le plus utile !

Remplacez

> vous → votre fils

Observez et répétez

La vendeuse : Alors, *vous* ne prenez pas ce
pantalon ?
Une cliente : Il me plaît, bien sûr... mais il
ne me sera pas très utile. Ce n'est pas le
genre* de vêtement qui me convient.

Remplacez

> vous → votre amie, votre fils

Observez et répétez

Une vendeuse à une cliente :
Vous devriez prendre *cette robe*, elle vous
va très bien ; elle est pourtant difficile à
porter ! Vous savez, elle plaît à beaucoup
de clientes à qui elle ne va pas du tout !

Remplacez

> cette robe → ce pantalon, cette jupe

4

Verbe + *de* + infinitif

Observez et répétez

Vous partez en voyage ? Prenez bien tous vos papiers, sinon vous aurez peut-être des ennuis... et vous devrez rentrer avant la date prévue.	→ Vous avez décidé de partir en voyage ? N'oubliez pas de prendre vos papiers, sinon vous risquez d'avoir des ennuis, et vous serez obligés de rentrer avant la date prévue.

Observez et répétez

Vous achetez un vêtement pour votre enfant ? Vérifiez bien la taille, sinon, il sera peut-être trop grand ou trop petit, et vous devrez le changer.

Observez et répétez

Elle devrait se distraire, mais elle ne veut jamais sortir. Elle n'aime pas aller au cinéma, ni au restaurant.	→ Elle a besoin de se distraire, mais elle n'accepte jamais de sortir. Elle n'a pas envie d'aller au cinéma, ni au restaurant.

Observez et répétez

Elle devrait voyager, changer de cadre. Mais elle ne voudra jamais quitter la France : elle n'aime pas voyager en avion.

Transposez, en utilisant

décider
oublier   } de
risquer
être obligé

Transposez en utilisant

avoir besoin }
accepter   } de
avoir envie   }

proposer, conseiller quelque chose à quelqu'un ;
proposer, conseiller à quelqu'un de...

Observez et répétez

Aujourd'hui, nous proposons à nos clients des pommes de terre à 3 francs le kilo.

Après plusieurs tests sur 15 machines à laver, c'est la machine ARVEN que nous conseillons aux consommateurs.

Observez et répétez

Au restaurant :
— Qu'est-ce que vous prenez ?
    — Je ne sais pas encore. Qu'est-ce que vous me proposez ?
— Ah, aujourd'hui, je vous conseille *le plat de fruits de mer.*

Observez et répétez

Quelques conseils du Secrétariat d'État à la consommation :
Consommateurs, n'achetez pas trop vite, regardez la date des produits sous plastique, surveillez les prix, vérifiez le poids indiqué.

Remplacez

le plat de fruits de mer
→ la côte de bœuf
    le veau à l'orange

Transposez

→ Nous conseillons aux consommateurs de ne pas acheter trop vite...
→ Consommateurs, nous vous conseillons...

Observez et répétez

Conseils aux personnes âgées :

Ne gardez pas tout votre argent sur vous, ne posez pas votre sac près de la caisse des magasins, n'ouvrez pas votre porte sans savoir qui a sonné, évitez de sortir seul(e) le soir.

Transposez

→ Nous conseillons aux personnes âgées de...

→ Les personnes âgées doivent être très prudentes. Nous leur conseillons...

Synthèse

mentir

	PRÉSENT	PASSÉ COMPOSÉ	FUTUR	IMPARFAIT
Je	ne mens pas	n'ai pas menti	ne mentirai pas	ne mentais pas
Tu	ne mens pas	n'as pas menti	ne mentiras pas	ne mentais pas
Il Elle }	ne ment pas	n'a pas menti	ne mentira pas	ne mentait pas
Nous	ne mentons pas	n'avons pas menti	ne mentirons pas	ne mentions pas
Vous	ne mentez pas	n'avez pas menti	ne mentirez pas	ne mentiez pas
Ils Elles }	ne mentent pas	n'ont pas menti	ne mentiront pas	ne mentaient pas

SUBJONCTIF : Il ne faut pas { que je mente
que nous mentions } { que tu mentes
que vous mentiez } { qu'il (elle) mente
qu'ils (elles) mentent }

Constructions verbales

regarder quelqu'un / quelque chose

Pronoms personnels :

masc. sing.	fém. sing.	masc./fém. plur.
Je *le* regarde.	Je *la* regarde.	Je *les* regarde.

Relatifs : C'est { un homme
une femme } *que* je connais bien.

mentir à quelqu'un ; assister à quelque chose

Pronoms personnels :

● « à quelqu'un »

masc./fém. sing.	masc./fém. plur.	*Attention :*
On *lui* a menti.	On *leur* a menti	s'adresser, penser à lui, à elle à eux, à elles

● « à quelque chose »

masc./fém. sing.	masc./fém. plur.
Je n'*y* ai pas assisté.	Nous n'*y* avons pas assisté.

Relatifs :

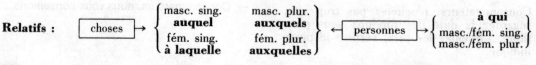

choses → { masc. sing. **auquel** — masc. plur. **auxquels** — fém. sing. **à laquelle** — fém. plur. **auxquelles** } ← personnes → { **à qui** — masc./fém. sing. — masc./fém. plur. }

parler de quelqu'un/de quelque chose

Pronoms personnels :

- « de quelqu'un »

On parle beaucoup	**de lui**	masc. sing.
	d'elle	fém. sing.
	d'eux	masc. plur.
	d'elles	fém. plur.

- « de quelque chose »

On **en** parle beaucoup	masc. sing.
	fém. sing.
	masc. plur.
	fém. plur.

Relatifs : « quelque chose » } **dont** on parle
« quelqu'un »

proposer quelque chose à quelqu'un

conseiller à ..., demander à ..., dire à ..., proposer à ..., indiquer à ... → { **lui / leur** } { conseiller ..., demander ..., dire ..., proposer ..., indiquer ... }

Infinitif

- *Vouloir ...* : Elle ne veut pas parler
- *Hésiter à ...* : Elle hésite à partir.
- *Décider de...* : Elle a décidé de partir

- *Proposer à quelqu'un de ...* : Elle a proposé à Pierre de partir. • *Persuader quelqu'un de...* : On a persuadé Pierre de partir.

Test

Ajoutez ce qui manque : préposition ou article (ou les deux).

1. Si vous gagnez moins de 3 000 F par mois, vous n'avez pas droit ... ce prêt. — **2.** Essaie ... travailler ! — **3.** Les grandes surfaces ne menacent pas vraiment ... petits commerçants. — **4.** Cette mesure ne plaira certainement pas ... patrons. — **5.** Le gouvernement n'informe pas assez ... Français. — **6.** J'ai envie ... cette robe. — **7.** Il n'a pas réussi ... obtenir ce qu'il voulait. — **8.** On a beaucoup parlé ... ... sécheresse au Conseil des ministres. — **9.** Est-ce que vous vous êtes adressé ... ... agence nationale pour l'emploi ? — **10.** Tu as bien donné mon adresse ... Pierre ?

Employez le relatif qui convient.

1. C'est un problème ... je pense très souvent. — **2.** Elle achète des vêtements ... elle n'a pas besoin et ... elle ne porte jamais. — **3.** Je connais bien le professeur ... tu viens de parler. — **4.** C'est un appartement ... j'ai envie. — **5.** Il y a un employé ... vous pouvez vous adresser. — **6.** Je ne sais pas s'il va passer l'examen ... il s'est inscrit. — **7.** Elle a une tenue ... ne lui convient pas du tout. — **8.** Si vous n'avez pas beaucoup d'argent, il y a des quartiers ... il vaut mieux renoncer.

Employez le pronom qui convient.

1. Cette affaire ne ... concerne pas mais il va quand même s'... occuper. — **2.** Paul est allé voir Marie pour ... demander ton adresse. — **3.** Ce patron n'est pas aimé : tous ses ouvriers se plaignent de ... — **4.** Elle a beaucoup de problèmes : elle ... pense même quand elle est en vacances. — **5.** Il y a une personne qui a téléphoné. Je ... ai dit que tu n'étais pas là. — **6.** Il ne peut pas quitter ses parents : il a encore besoin ... — **7.** Patrick est très content : on ... propose un poste intéressant. — **8.** Deux cents ouvriers vont se trouver sans travail : on ... a licenciés. — **9.** Ce problème ... intéresse beaucoup ; il s'... occupe lui-même. — **10.** Cette question est très importante ; j'ai l'intention de m'... intéresser moi-même.

Documents complémentaires

Une bonne affaire

Le sucre? Un produit « en or » pour certains fabricants. Dans le vin, un peu de sucre augmente le degré d'alcool... et le prix. Du sucre également dans le yaourt*, et le prix est multiplié par deux. Même chose pour le chocolat en poudre* qui devient* « déjeuner chocolaté ».

Ce sont des méthodes classiques. Il y en a d'autres, plus rares, mais qui rapportent*... Deux cuillerées* de sucre dans 175 grammes de farine*, et celle-ci coûte plus de douze fois son prix réel, sous le nom de « préparation pour crêpes* ».

Attention aux « grandes surfaces » !

Le directeur d'un libre-service de Nice va passer devant le tribunal. Une cliente a volé dans son magasin une demi-livre de beurre et un morceau de fromage : moins de 10 francs. Le directeur du magasin, M. R..., appartient à* une catégorie de patrons qui ne laissent pas à la justice le temps de poursuivre les coupables : il a fait signer à sa cliente une reconnaissance de dette*[1]. D'autre part, il a gardé un objet en or qu'elle avait sur elle.

Les « grandes surfaces » s'organisent contre le vol. Il paraît en effet que les pertes peuvent atteindre 2 % de leur chiffre d'affaires. Mais il ne faut pas oublier que ce pourcentage comprend les vols des employés et de la direction et les marchandises détruites, conséquences d'une mauvaise surveillance.

Il est normal que les « grandes surfaces » essaient de limiter les vols. Mais on n'a pas le droit de bousculer les clients, de les empêcher de sortir, encore moins de leur demander de l'argent.

---

1. Par une reconnaissance de dette, on reconnaît qu'on doit de l'argent à quelqu'un.

TABLE

le complément indispensable
à toute méthode
d'apprentissage du français :

DICTIONNAIRE DU FRANÇAIS LANGUE ÉTRANGÈRE
niveau 1

sous la direction de Jean Dubois,
avec la collaboration de Fr. Dubois-Charlier,
Ch. Eyrolles, S. Hudelot, D. Leeman,
J.-P. Mével et Cl. Sobotka-Kannas ;
illustration de Morez.

Spécialement conçu pour assurer,
à partir d'un vocabulaire de 2500 termes,
la connaissance du lexique
et de la syntaxe de base,
et pour permettre à l'étudiant étranger
la maîtrise élémentaire de l'expression
parlée et écrite.
Dictionnaire des situations courantes
et des phrases usuelles,
il décrit la langue réelle d'aujourd'hui.
L'illustration humoristique
y joue un rôle pédagogique original.
Index général
et tableaux de conjugaison.
un volume cartonné (14 x 19 cm), 1152 pages.

LAROUSSE
le spécialiste de l'enseignement moderne du français

Photocomposition M.C.P. – Fleury-les-Aubrais

Imprimerie BERGER-LEVRAULT, Nancy. – Janvier 1979.
Dépôt légal 1979-1ᵉʳ – 778140. – Nᵒ de série Editeur 10049.
Imprimé en France *(Printed in France).* – 041412-D-4-80.